FOR ORGANS, PIANOS & ELECTRONIC KEYBOARDS

E-Z PLAY® TODAY

256

# The Very Best of Lionel Richie

ISBN 978-0-634-08158-3

7777 W. BLUEMOUND RD. P.O. BOX 13819 MILWAUKEE, WI 53213

# CONTENTS

4 All Night Long (All Night)
9 Ballerina Girl
14 Dancing on the Ceiling
24 Endless Love
28 Hello
21 Lady
30 Penny Lover
39 Running with the Night
44 Say You, Say Me
48 Sela
51 Stuck on You
54 Truly
57 You Are

62 Registration Guide

# All Night Long
## (All Night)

Registration 2
Rhythm: Latin or Samba

Words and Music by
Lionel Richie

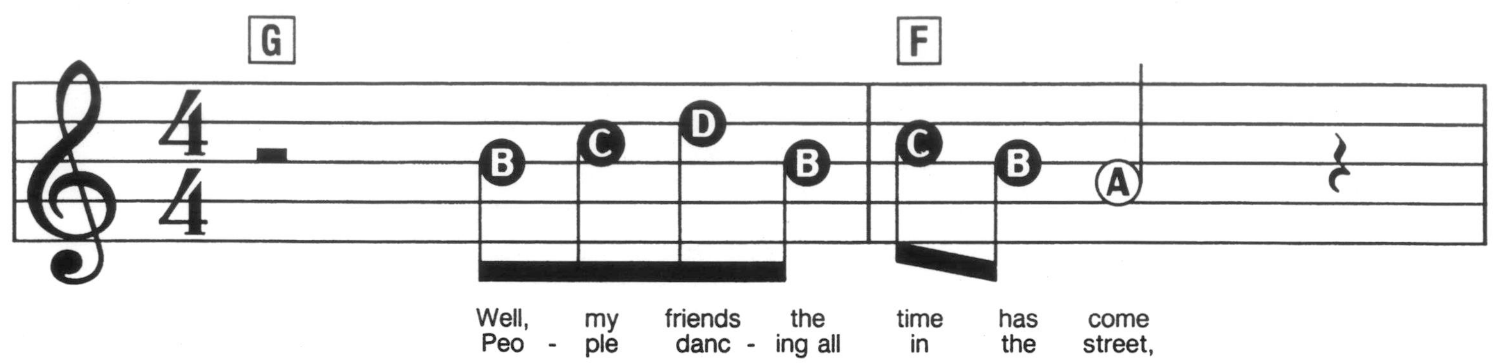


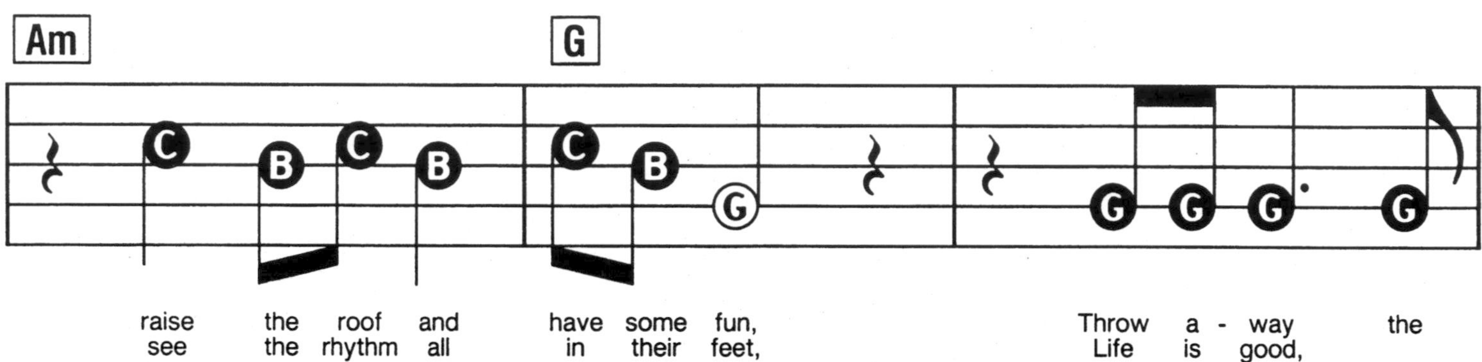


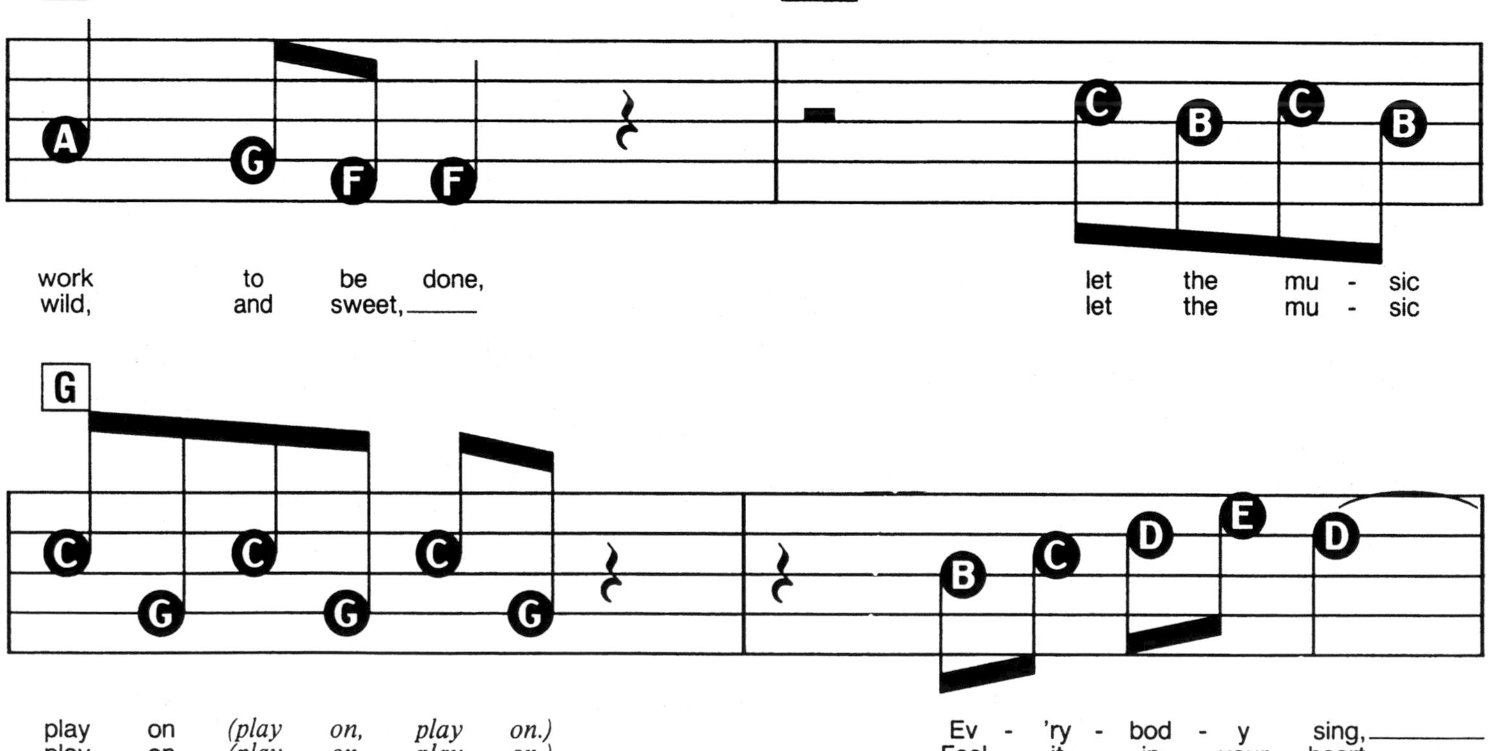

F
Am
ev - 'ry - bod - y dance, lose your - self in
and feel it in your soul, let the mu - sic
G
wild ro - mance, We're going to par - ti' ka - ra - mu,
take con - trol, We're going to par - ti' lim - ing
F
Am
fi - es - ta, for - ev - er. Come on and
fi - es - ta, for - ev - er. Come on and
G
sing a - long; We're going to par - ti' ka - ru - mu,
sing a - long; We're going to par - ti' lim - ing
F
Am
G
fi - es - ta, for - ev - er. Come on and sing a - long;
fi - es - ta, for - ev - er. Come on and sing my song;

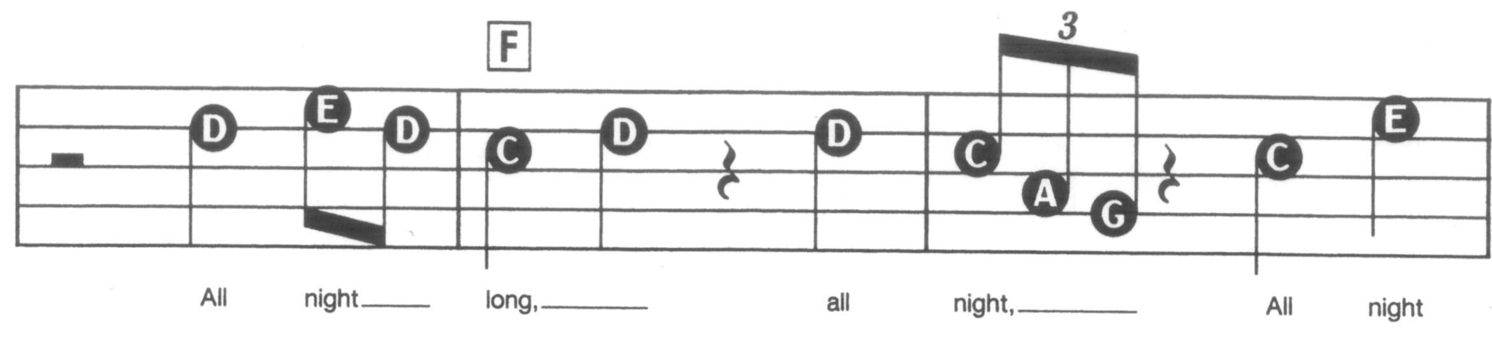
F
3
All night long, all night, All night

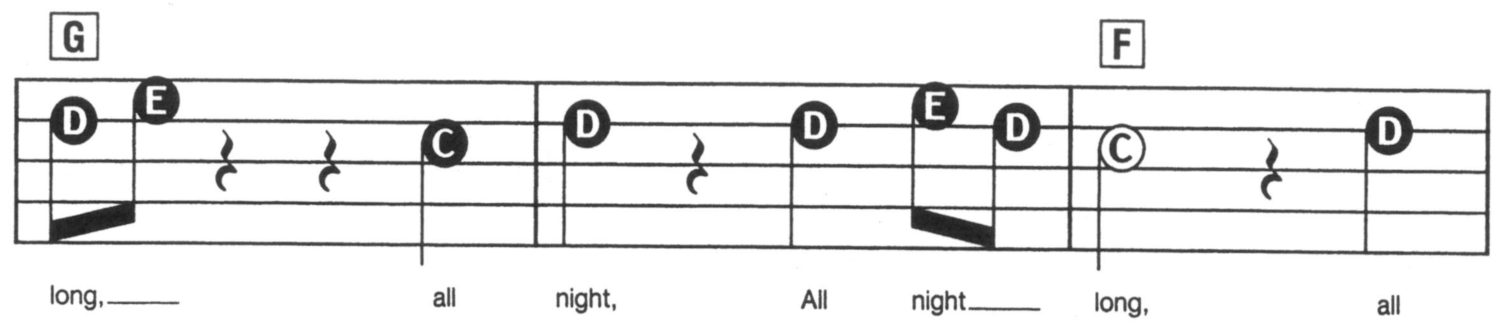
G
F
long, all night, All night long, all

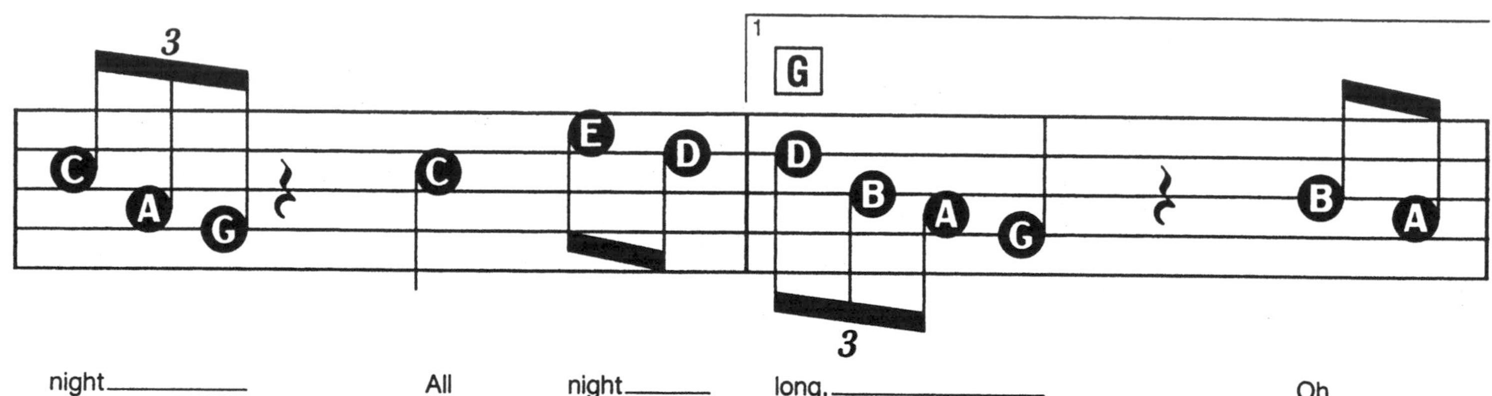
3
1
G
3
night All night long, Oh.

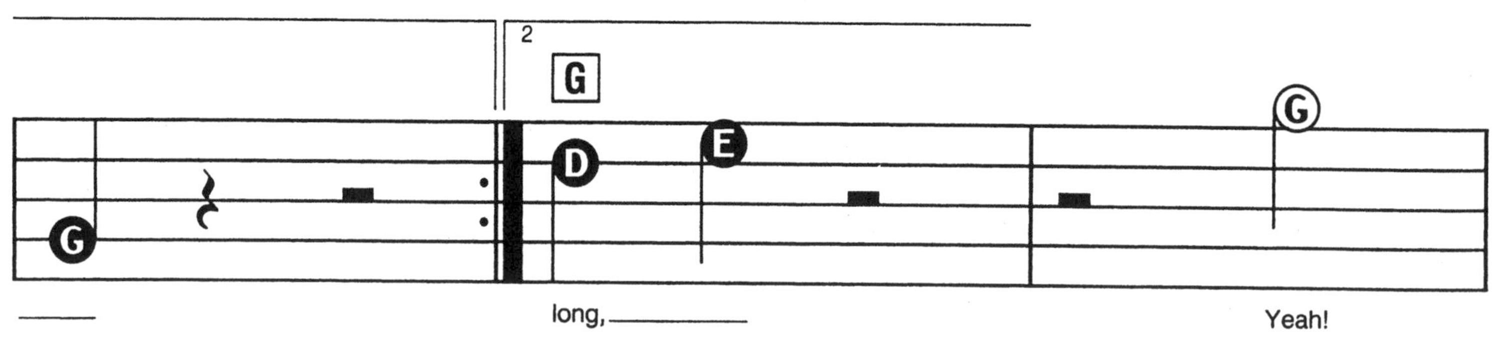
2
G
long, Yeah!

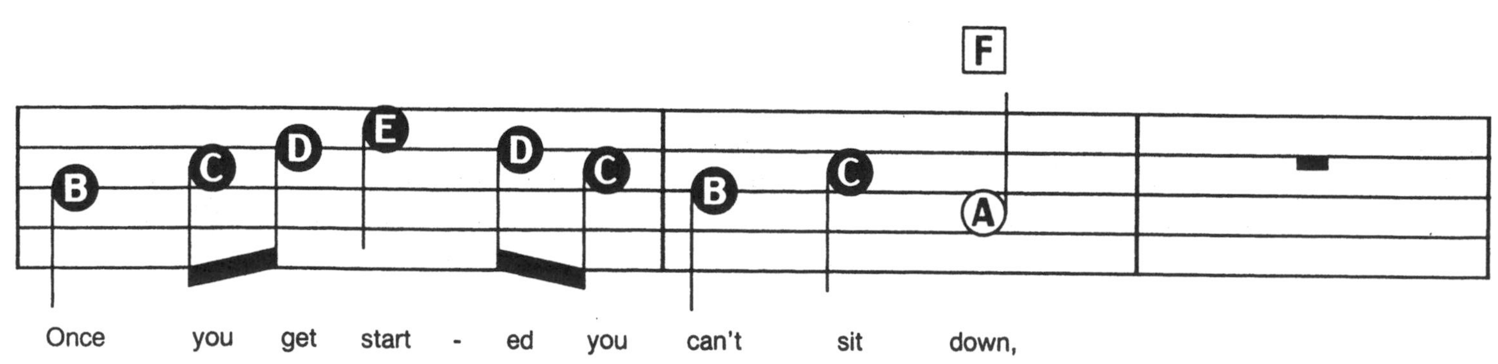
F
Once you get start - ed you can't sit down,

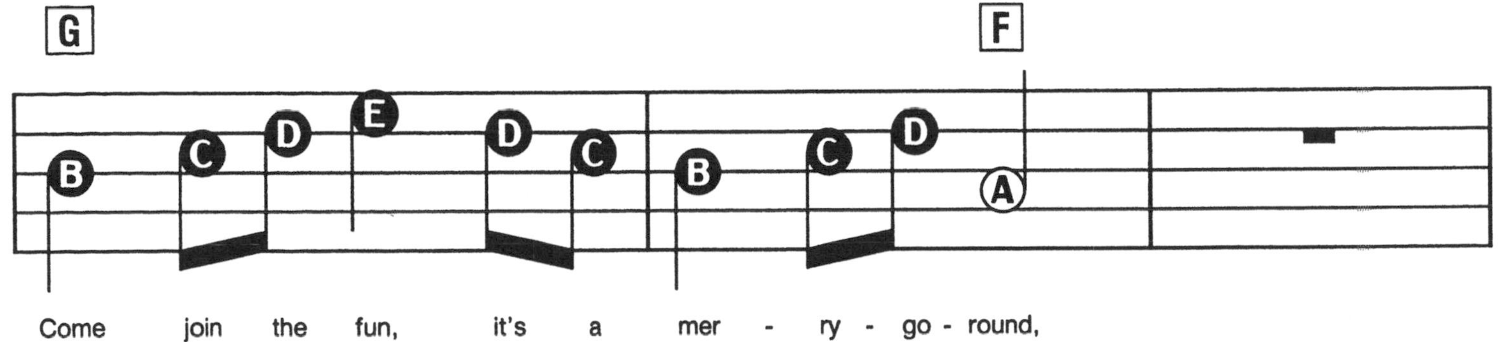
G
F
B
C
D
E
D
C
B
C
D
A
Come join the fun, it's a mer - ry - go - round,

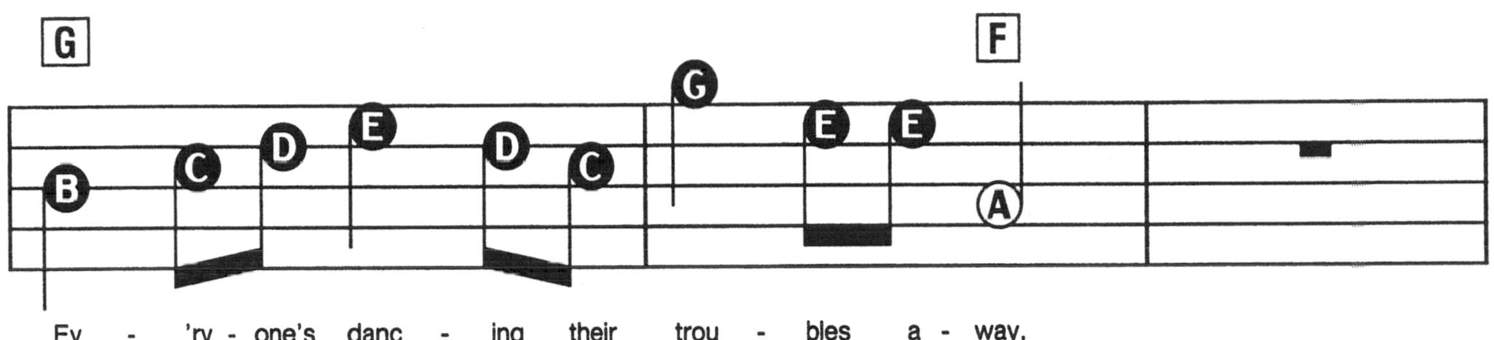
G
F
B
C
D
E
D
C
G
E
E
A
Ev - 'ry - one's danc - ing their trou - bles a - way,

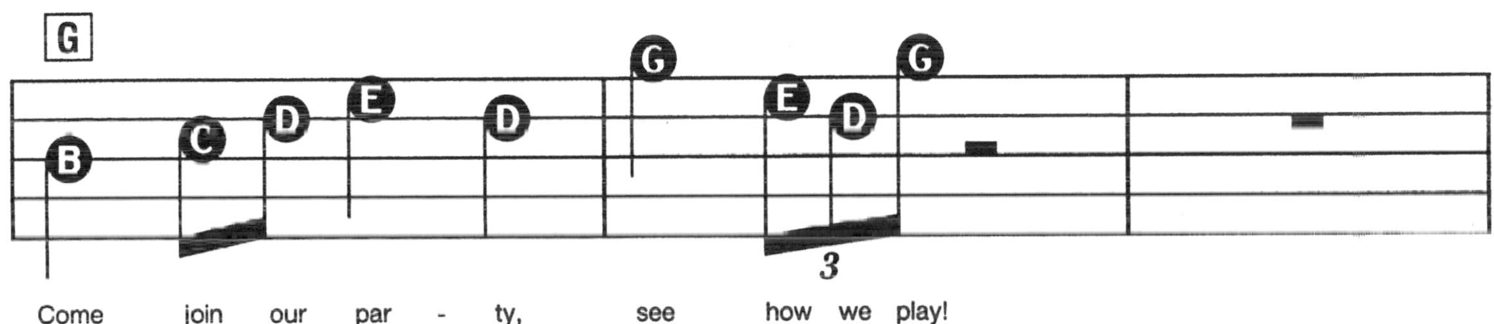
G
B
C
D
E
D
G
E
D
G
3
Come join our par - ty, see how we play!

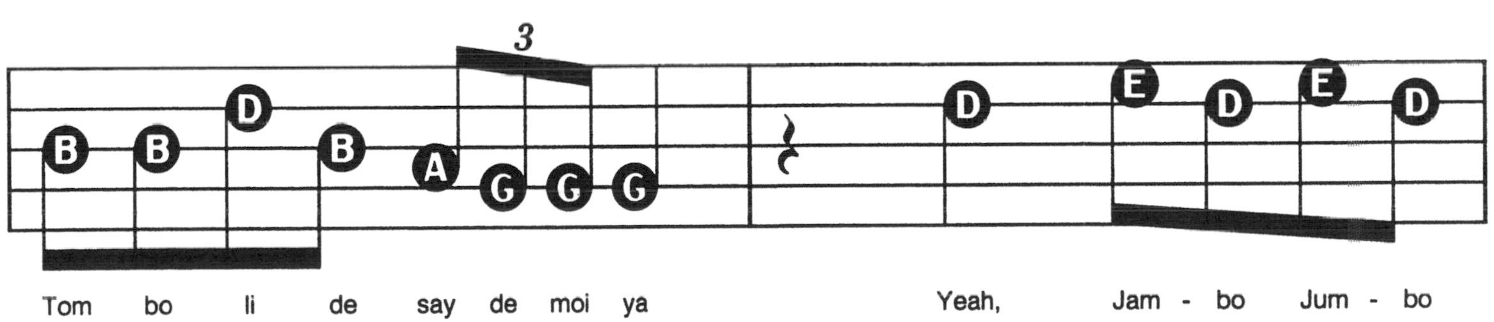
3
B
B
D
B
A
G
G
G
D
E
D
E
D
Tom bo li de say de moi ya
Yeah, Jam - bo Jum - bo

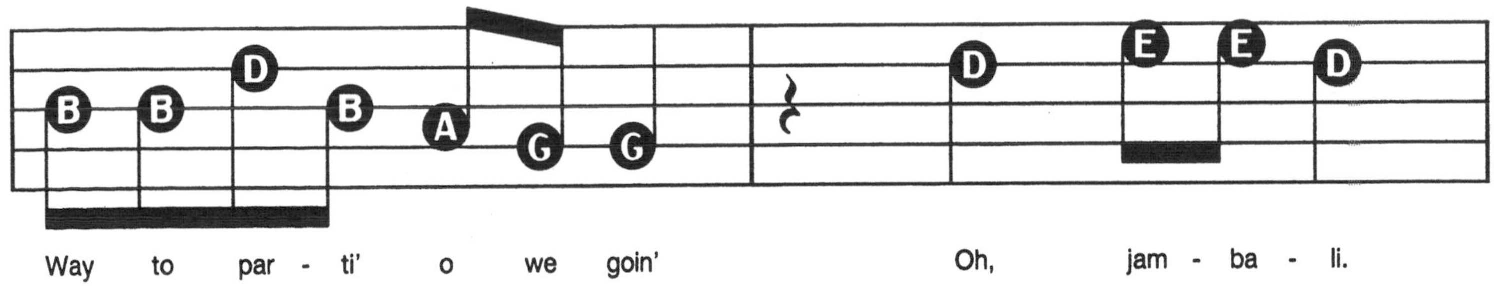
B
B
D
B
A
G
G
D
E
E
D
Way to par - ti' o we goin'
Oh, jam - ba - li.

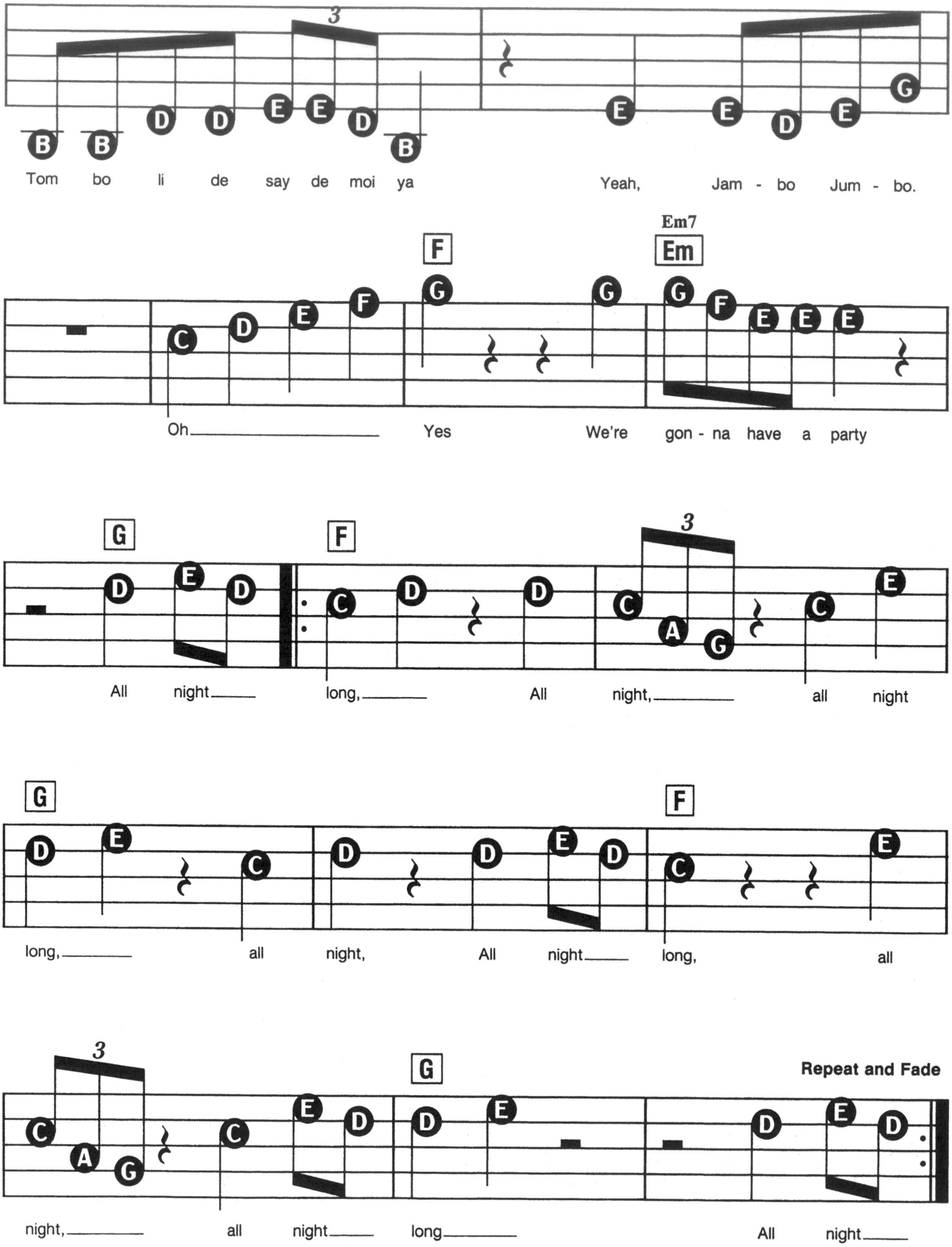

3

B B D D E E D B G

Tom bo li de say de moi ya

E E D E G

Yeah, Jam - bo Jum - bo.

F

Em7

Em

C D E F G G G F E E E

Oh________ Yes We're gon - na have a party

G

F

3

D E D C D D C A G C E

All night____ long,____ All night,____ all night

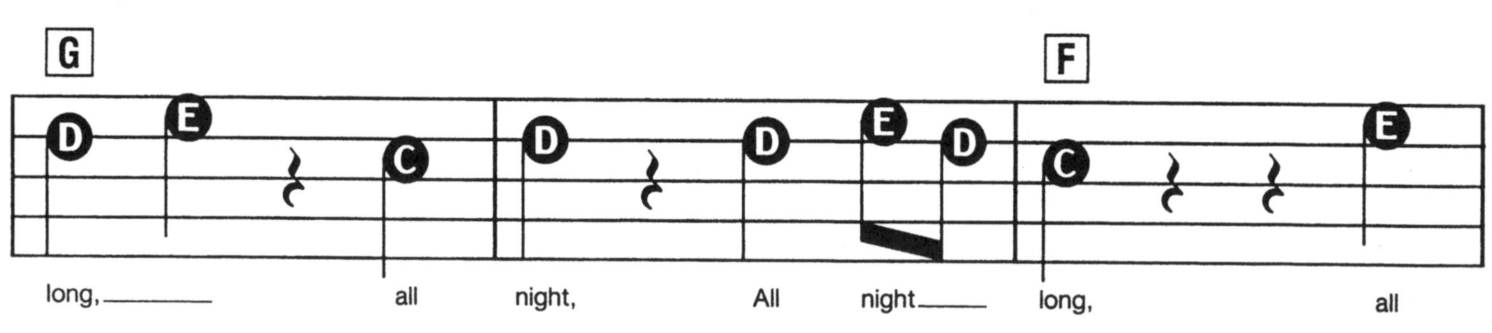


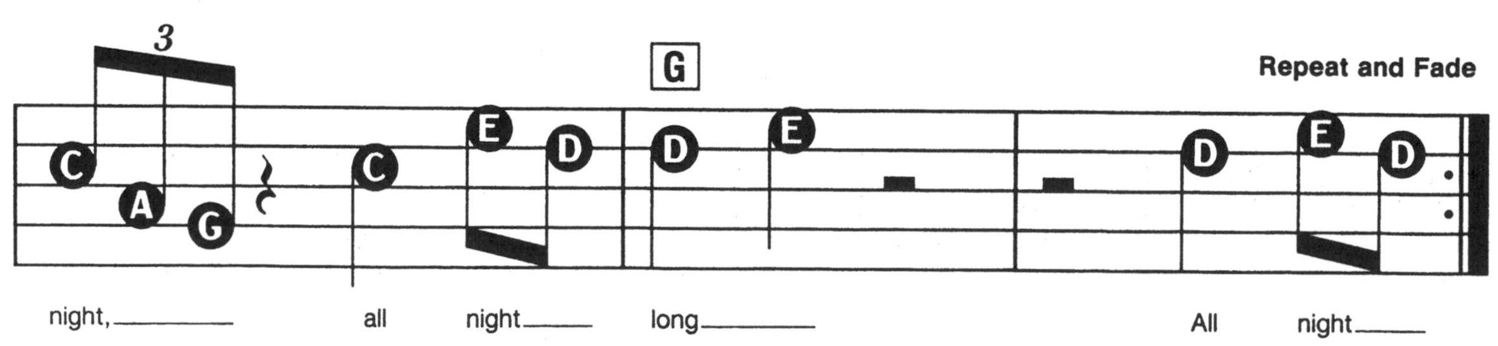

# Ballerina Girl

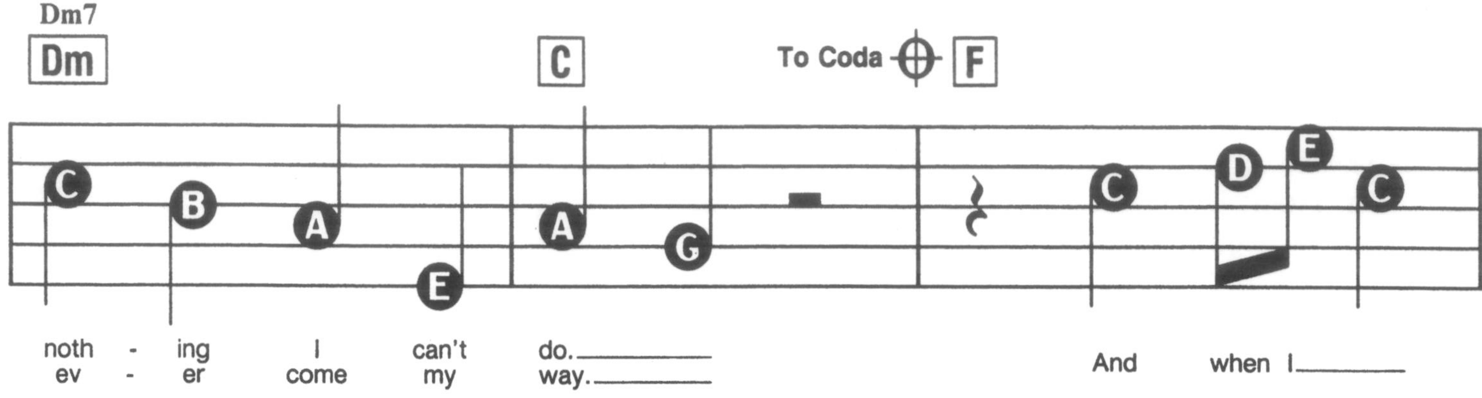
Dm7
Dm
C
To Coda
F
C
B
A
E
A
G
C
D
E
C
noth - ing I can't do.
ev - er come my way.
And when I

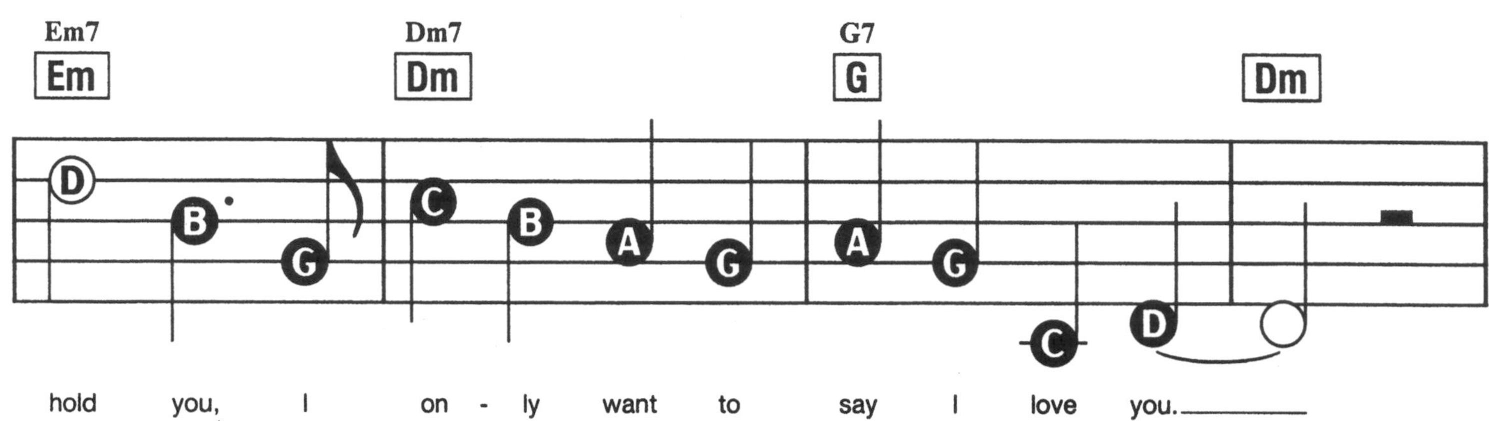
Em7
Em
Dm7
Dm
G7
G
Dm
D
B
G
C
B
A
G
A
G
C
D
hold you, I on - ly want to say I love you.

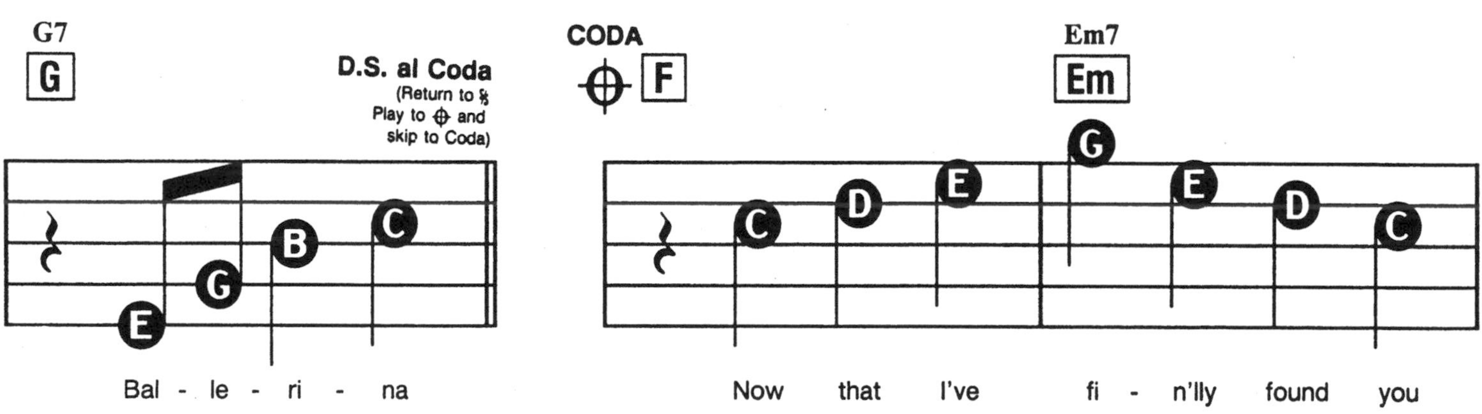
G7
G
D.S. al Coda
(Return to 𝄋
Play to ⊕ and
skip to Coda)
CODA
F
Em7
Em
E
G
B
C
C
D
E
G
E
D
C
Bal - le - ri - na
Now that I've fi - n'lly found you

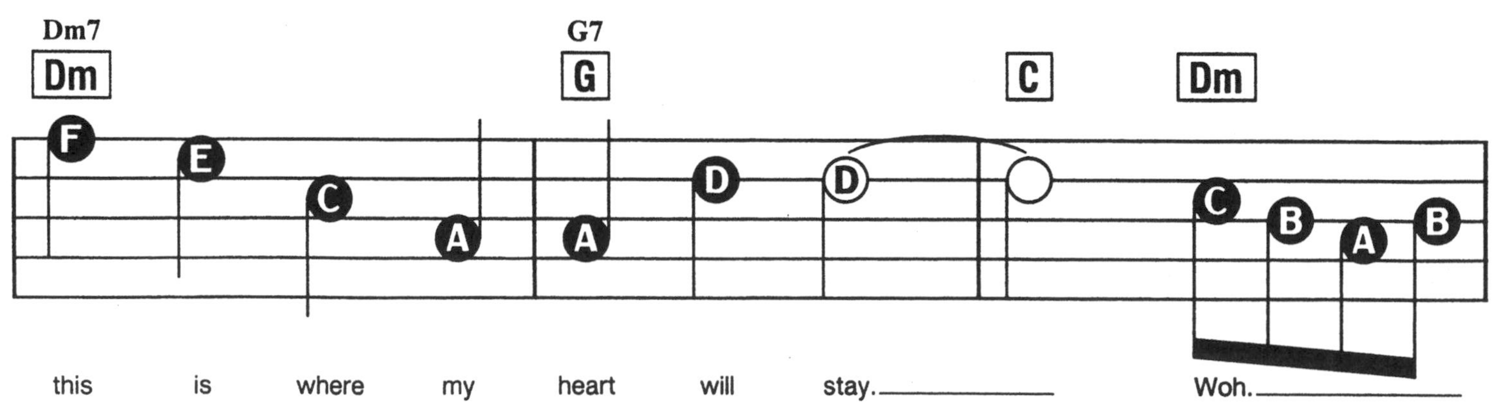
Dm7
Dm
G7
G
C
Dm
F
E
C
A
A
D
D
C
B
A
B
this is where my heart will stay.
Woh.

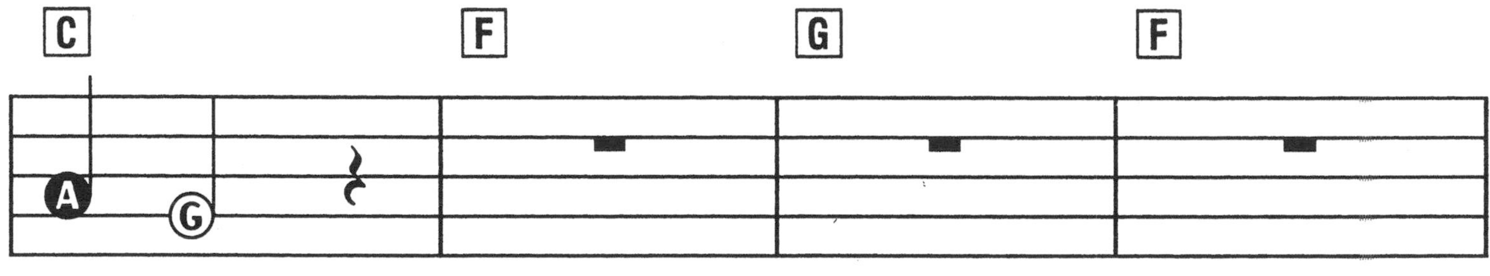
C
F
G
F
A
G

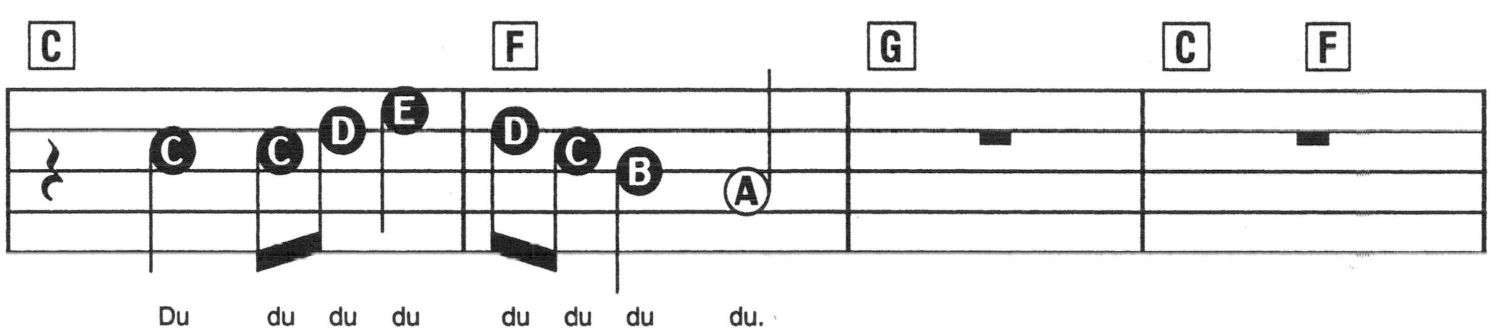
C
F
G
C
F
C
C
D
E
D
C
B
A
Du du du du du du du du.

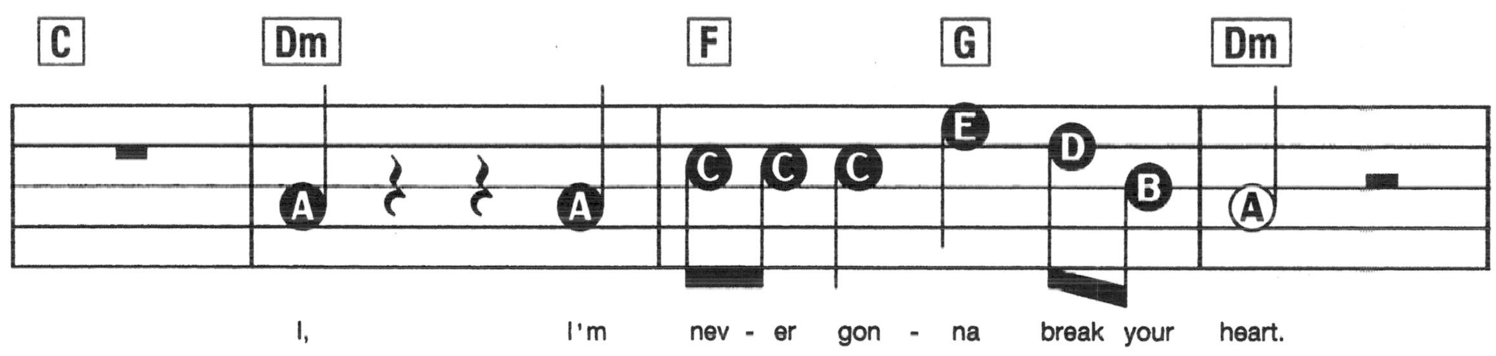
C
Dm
F
G
Dm
A
A
C
C
C
E
D
B
A
I, I'm nev - er gon - na break your heart.

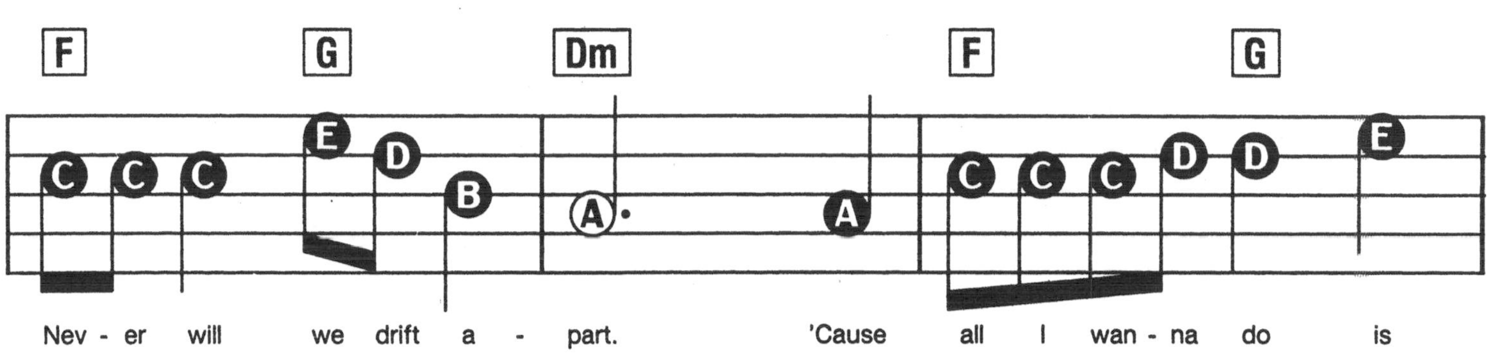
F
G
Dm
F
G
C
C
C
E
D
B
A
A
C
C
C
D
D
E
Nev - er will we drift a - part. 'Cause all I wan - na do is

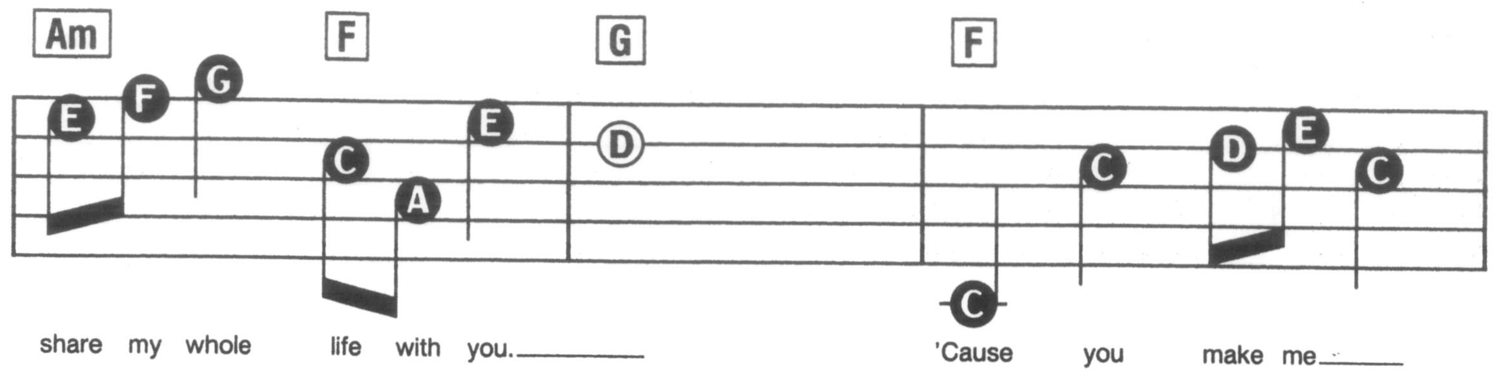
Am
F
G
F
E F G C A E D C C D E C
share my whole life with you.
'Cause you make me

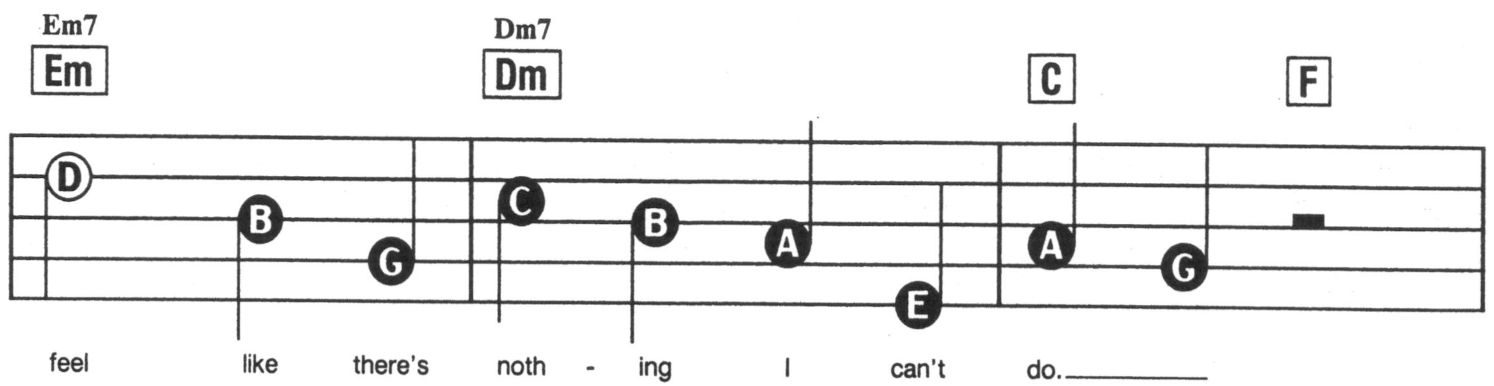
Em7
Em
Dm7
Dm
C
F
D B G C B A E A G
feel like there's noth - ing I can't do.

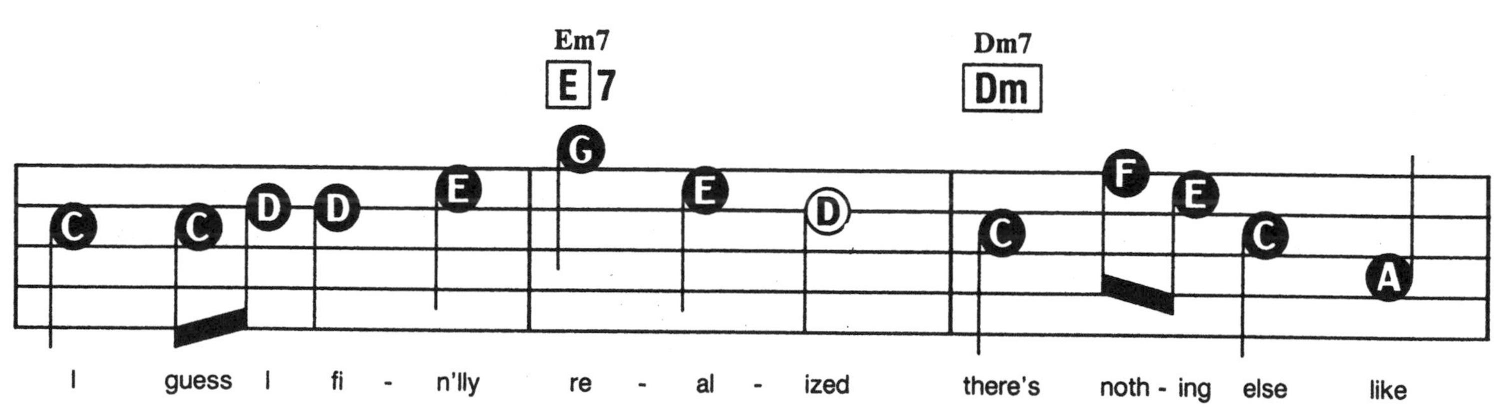
Em7
E 7
Dm7
Dm
C C D D E G E D C F E C A
I guess I fi - n'lly re - al - ized there's noth - ing else like

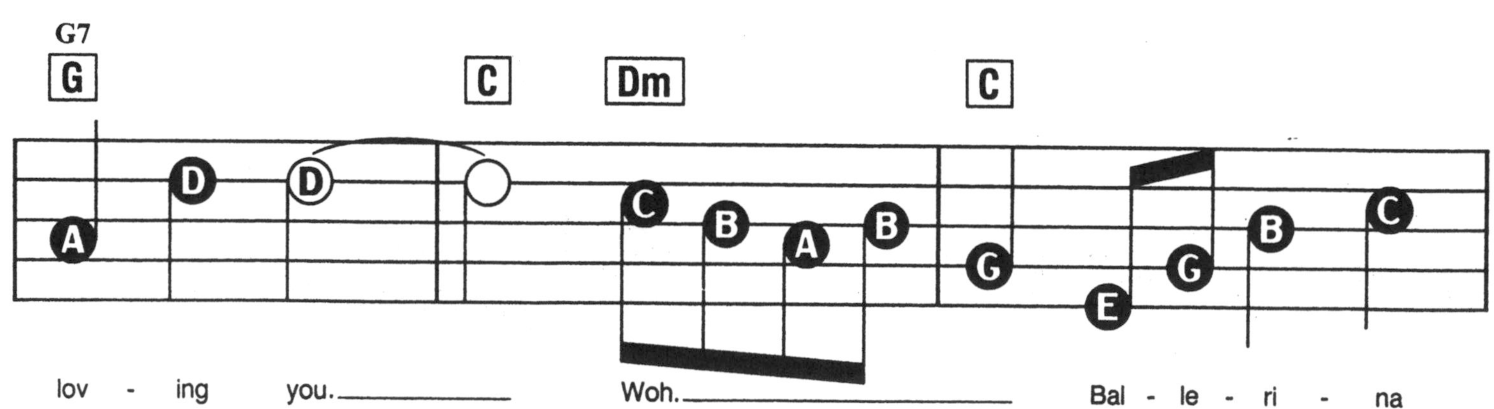
G7
G
C
Dm
C
A D D C B A B G E G B C
lov - ing you.
Woh.
Bal - le - ri - na

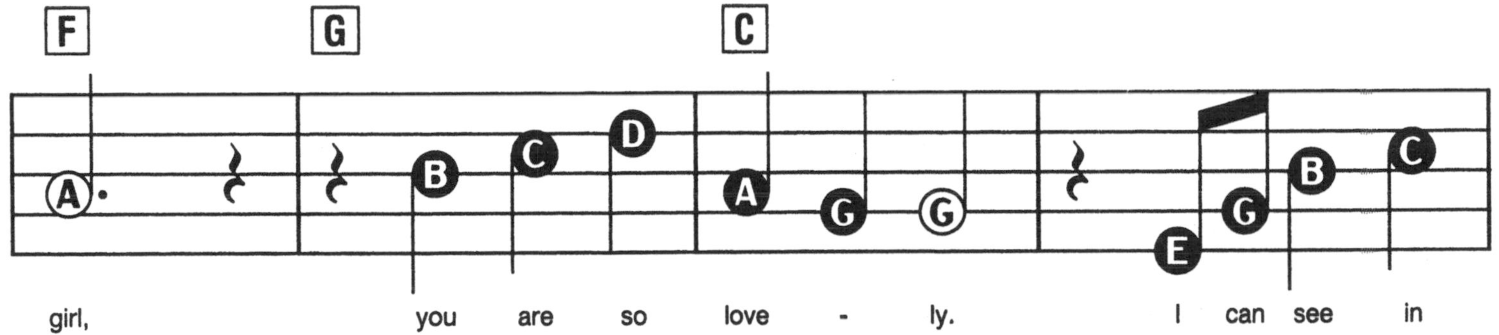
F G C
A B C D A G G E G B C
girl, you are so love - ly. I can see in

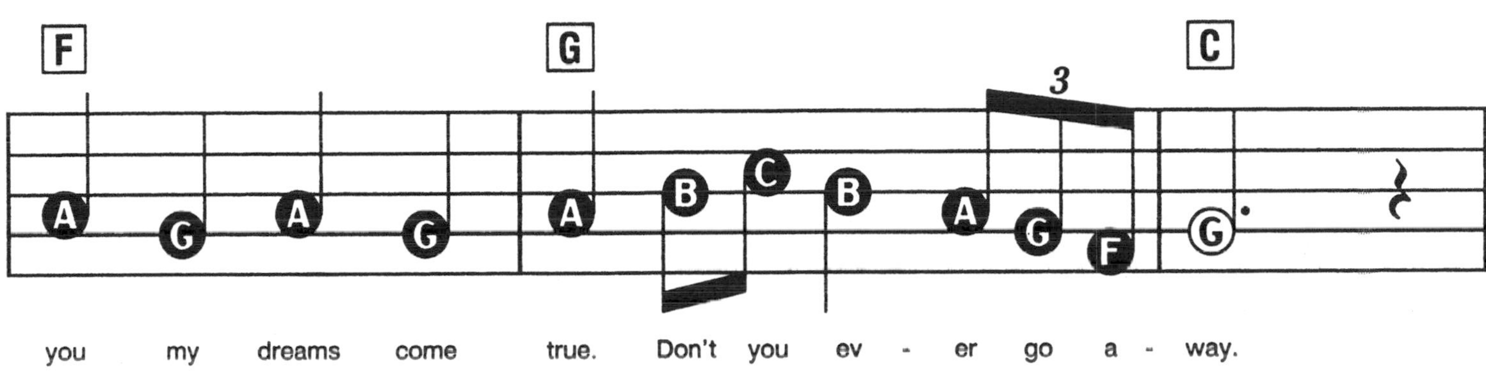
F G C
A G A G A B C B A G F G
3
you my dreams come true. Don't you ev - er go a - way.

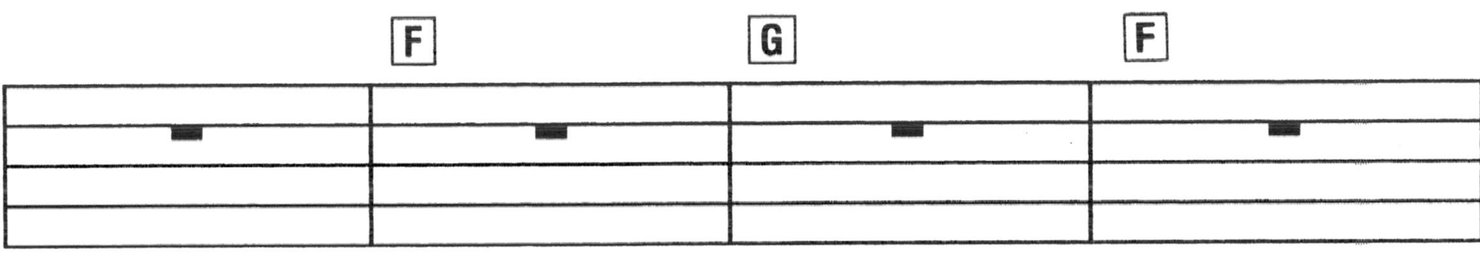
F G F

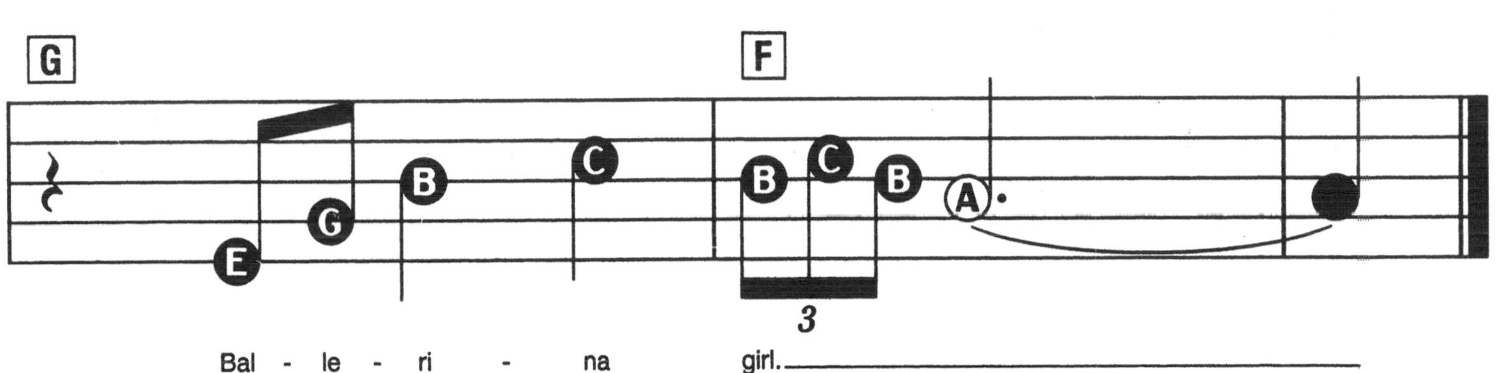
G F
E G B C B C B A
3
Bal - le - ri - na girl.

# Dancing on the Ceiling

Registration 2
Rhythm: Rock

Words by Lionel Richie
Music by Lionel Richie, Carlos Rios
and Michael Frenchik

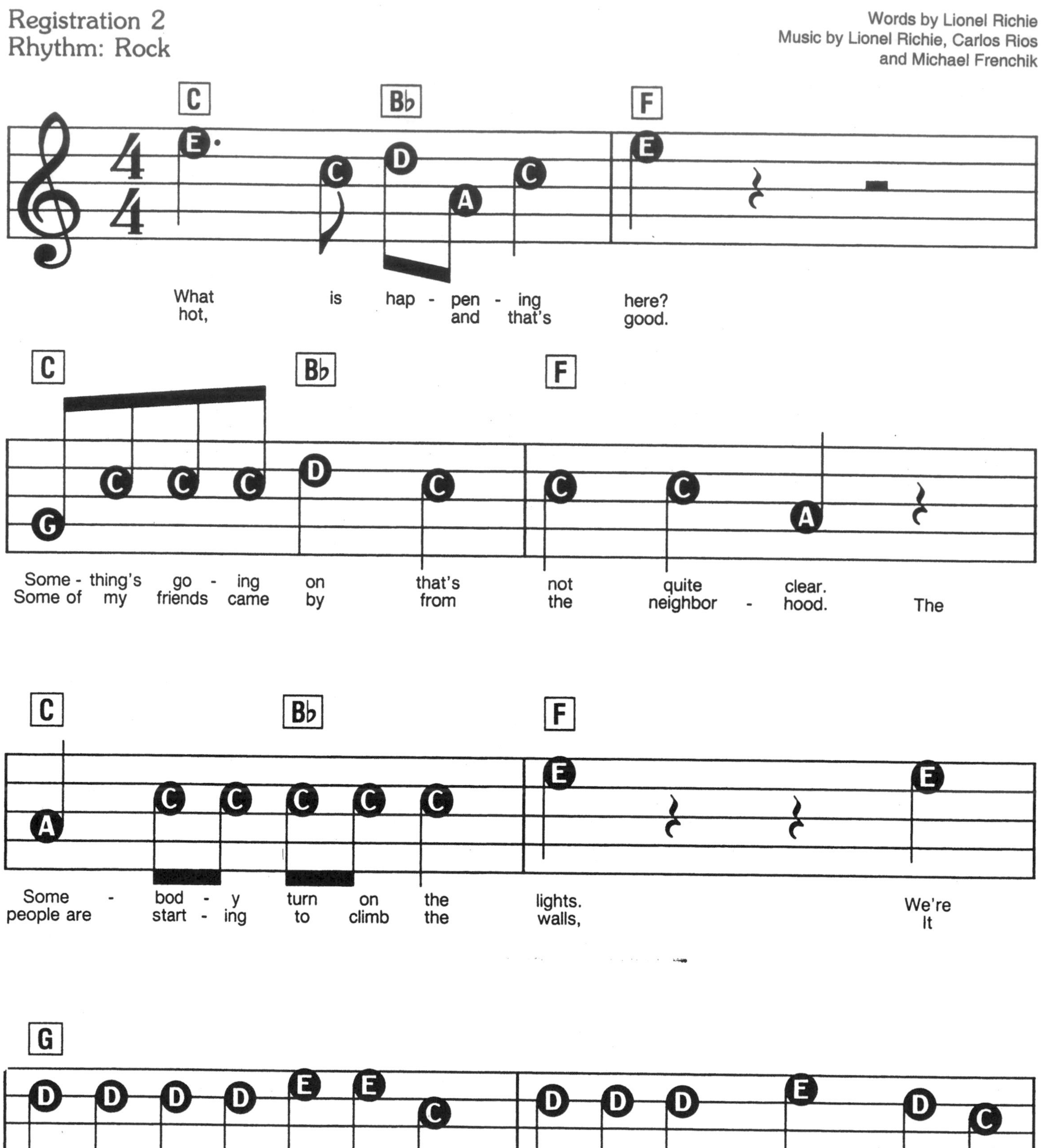

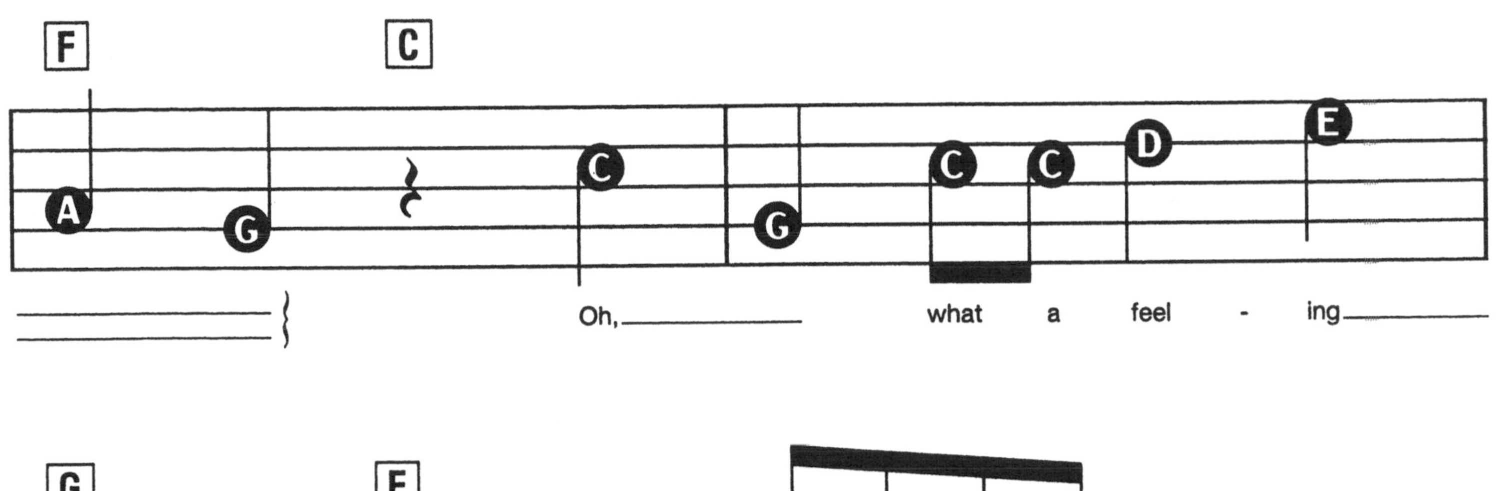
F
C
Oh, what a feel - ing

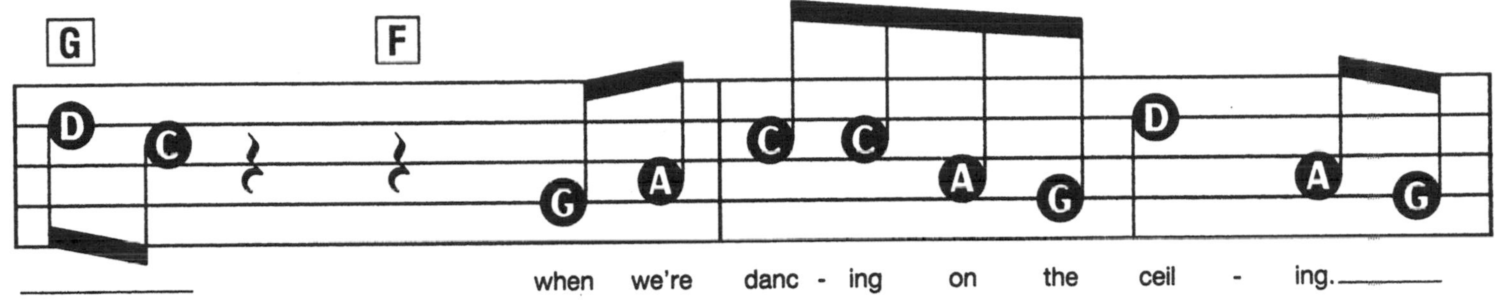
G
F
when we're danc - ing on the ceil - ing.

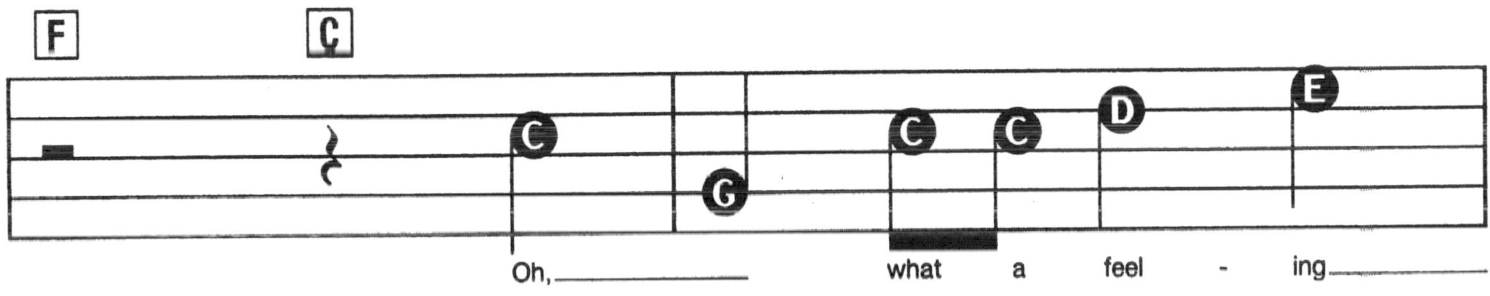
F
C
Oh, what a feel - ing

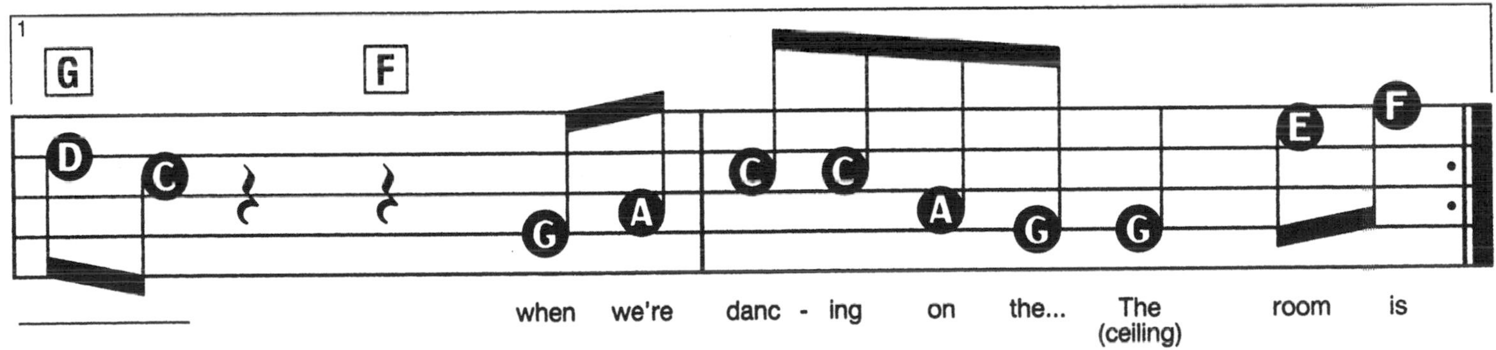
1
G
F
when we're danc - ing on the... The room is
(ceiling)

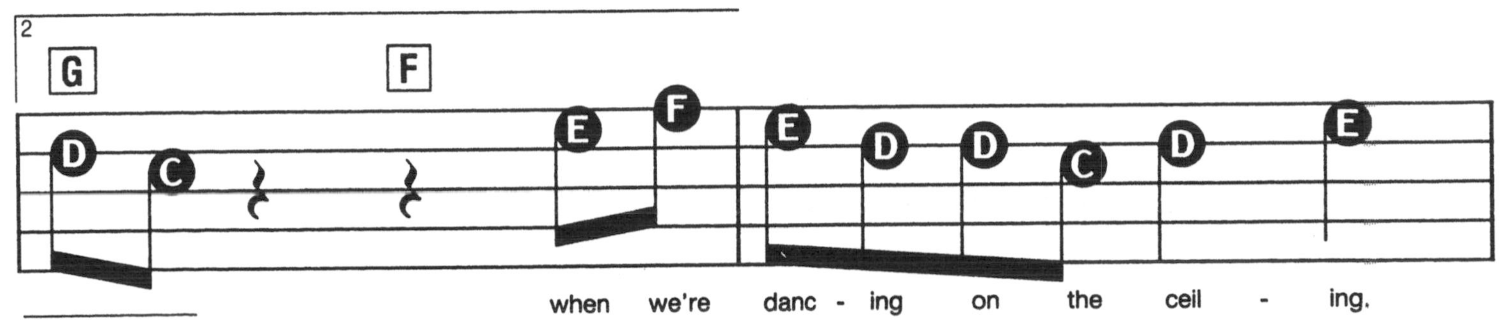
2
G
F
when we're danc - ing on the ceil - ing.

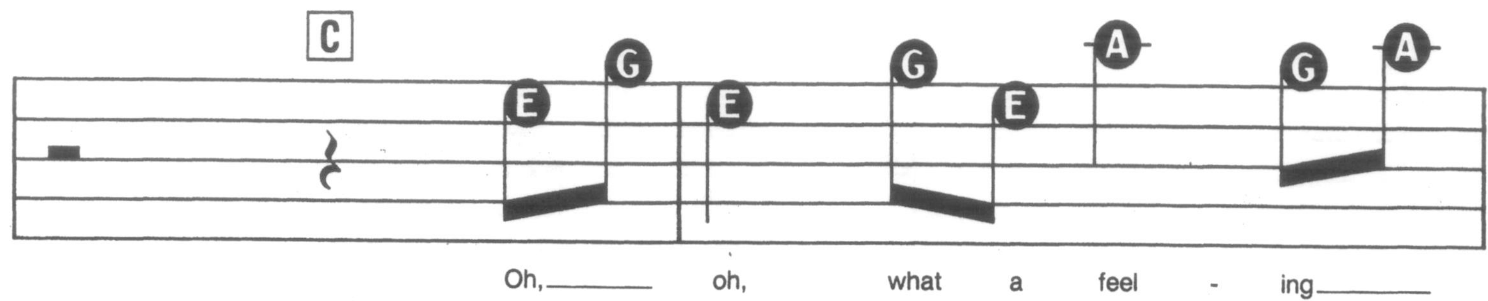
C
E G E G E A G A
Oh,
oh, what a feel - ing

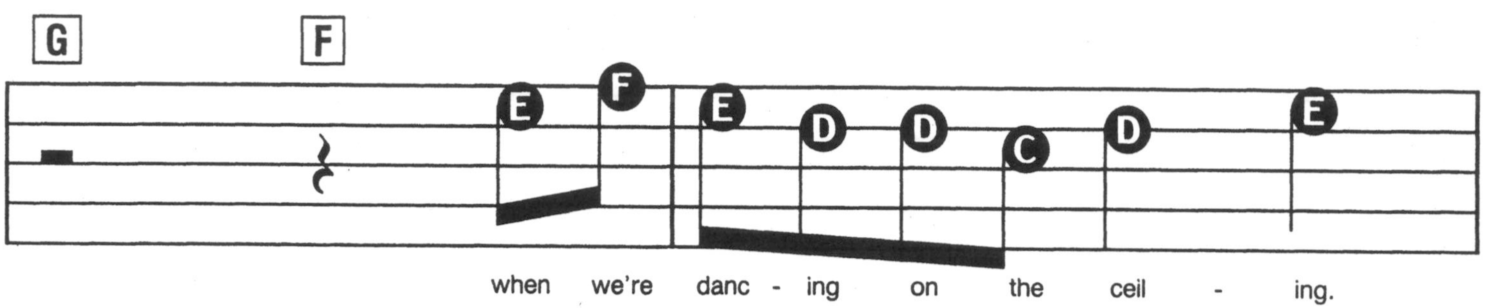
G F
E F E D D C D E
when we're danc - ing on the ceil - ing.

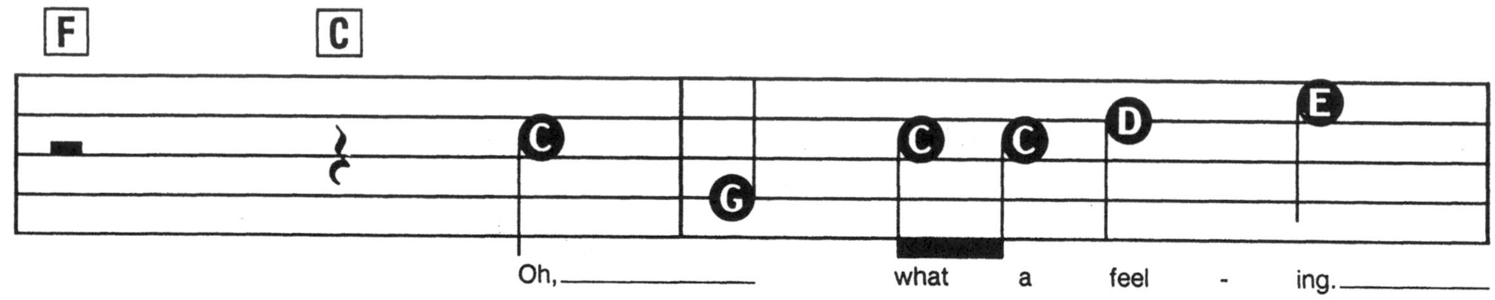
F C
C G C C D E
Oh,
what a feel - ing.

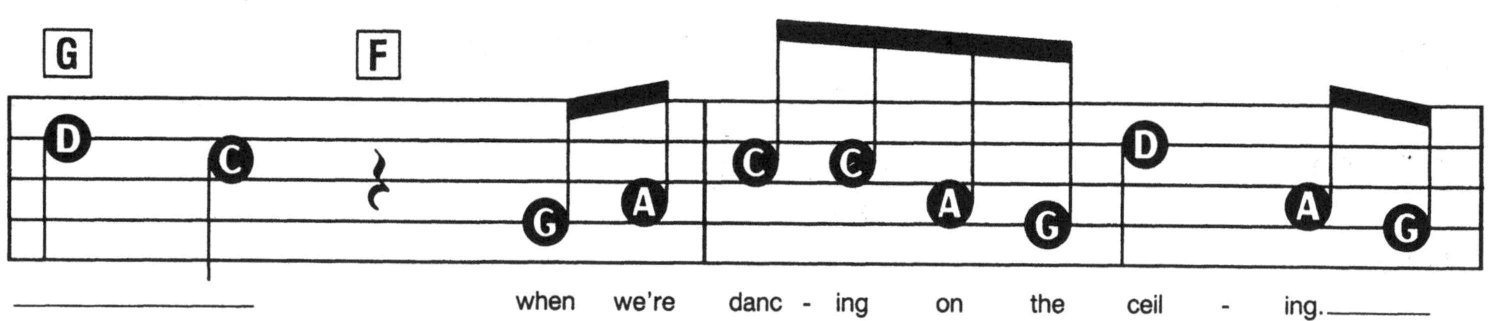
G F
D C G A C C A G D A G
when we're danc - ing on the ceil - ing.

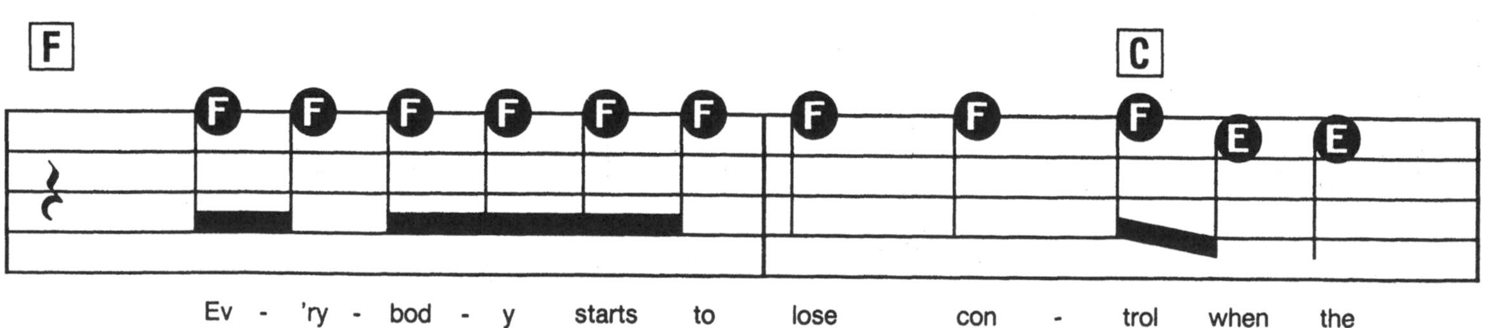
F C
F F F F F F F F F E E
Ev - 'ry - bod - y starts to lose con - trol when the

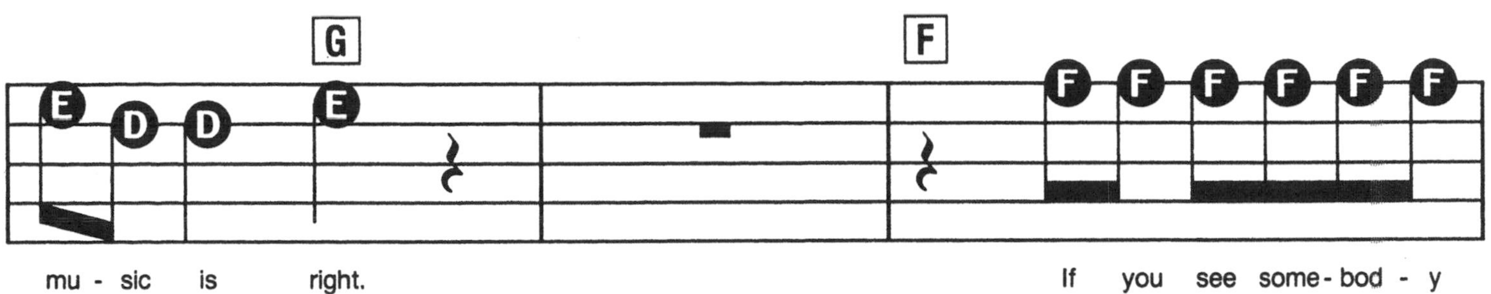
G
F
E D D E
F F F F F F
mu - sic is right.
If you see some - bod - y

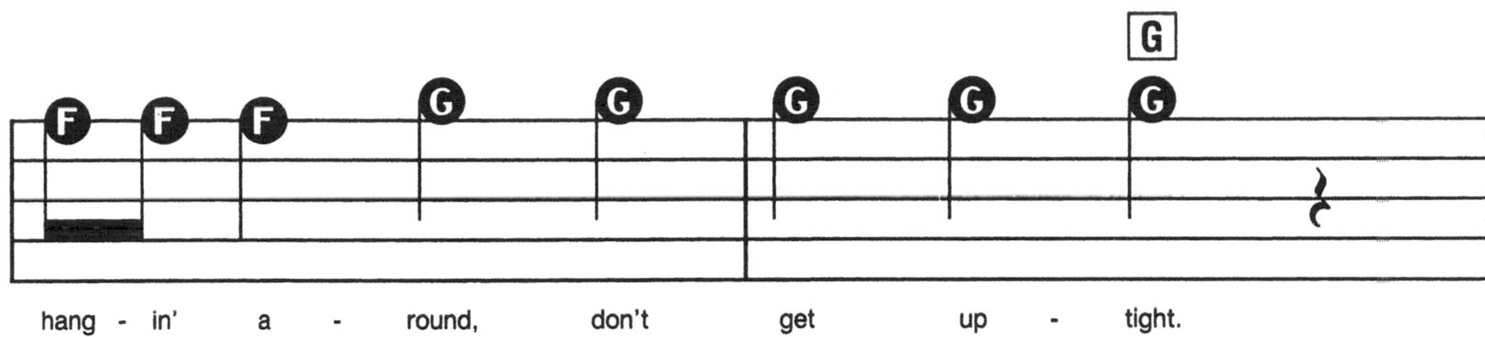
G
F F F G G G G G
hang - in' a - round, don't get up - tight.

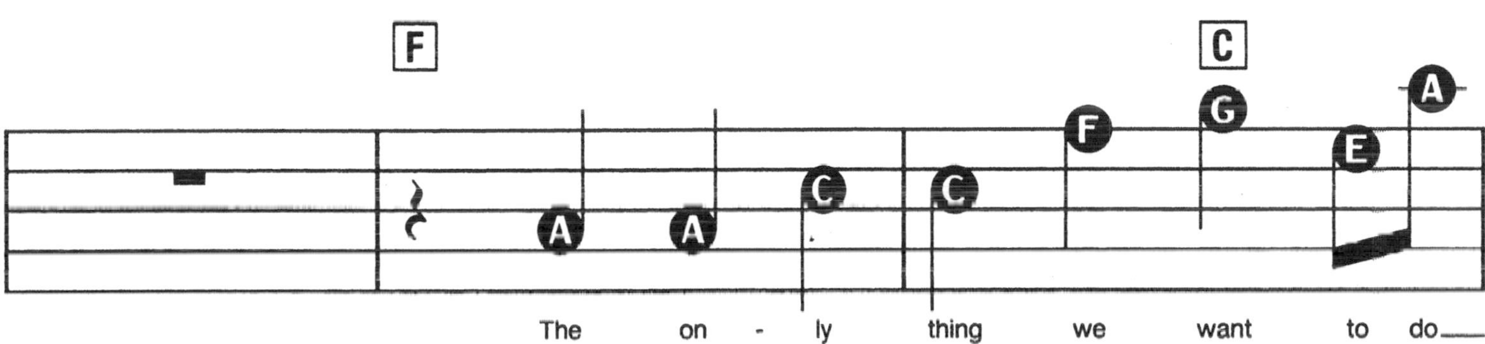
F
C
A A C C F G E A
The on - ly thing we want to do

G
E E D E C C
to - night
is go

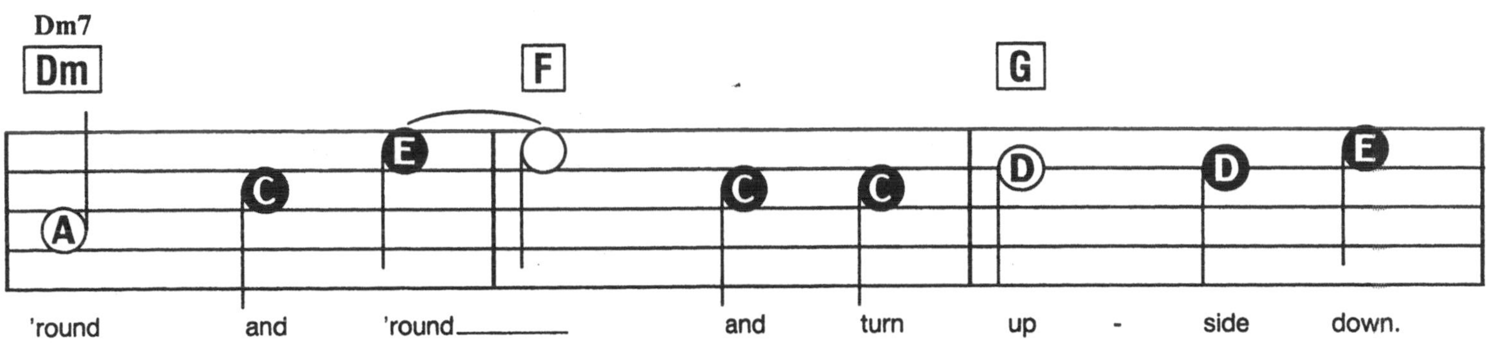
Dm7
Dm
F
G
A C E C C D D E
'round and 'round
and turn up - side down.

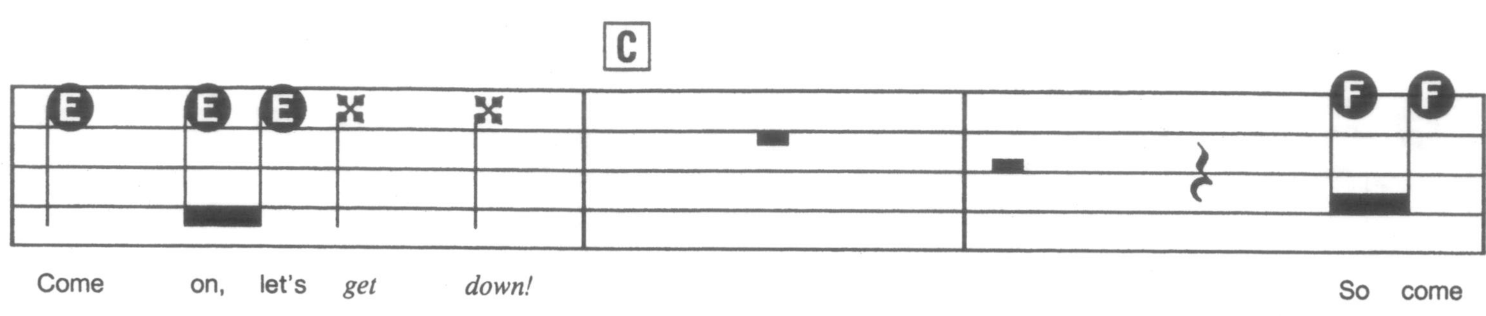
C
E
E
E
F
F
Come on, let's get down! So come

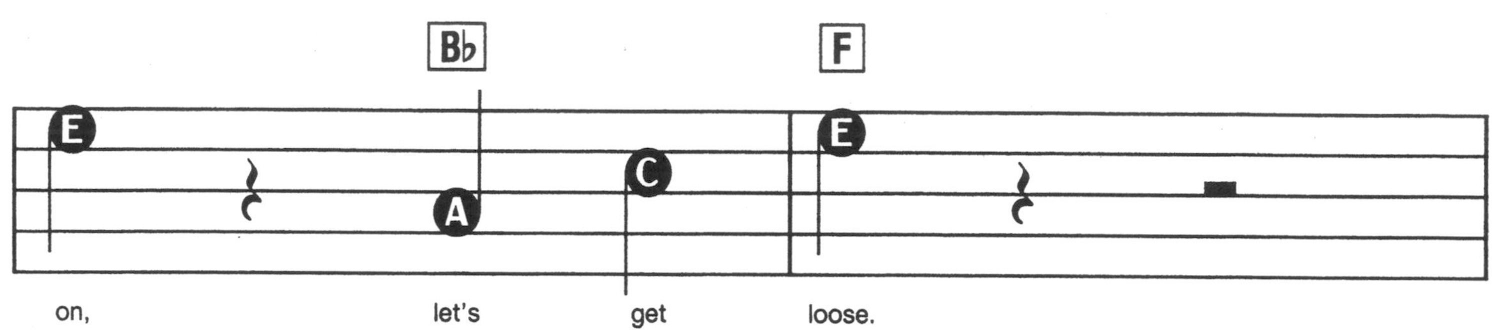
B♭
F
E
A
C
E
on, let's get loose.

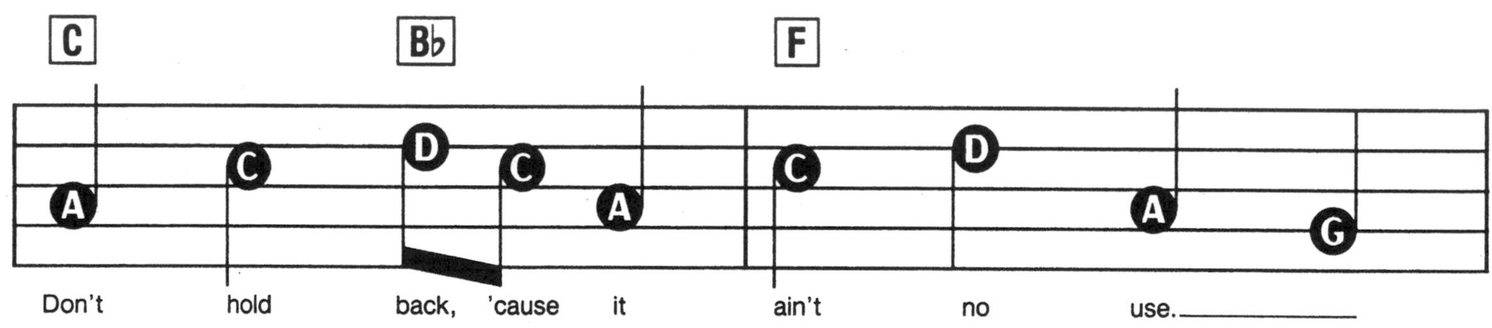
C
B♭
F
A
C
D
C
A
C
D
A
G
Don't hold back, 'cause it ain't no use.

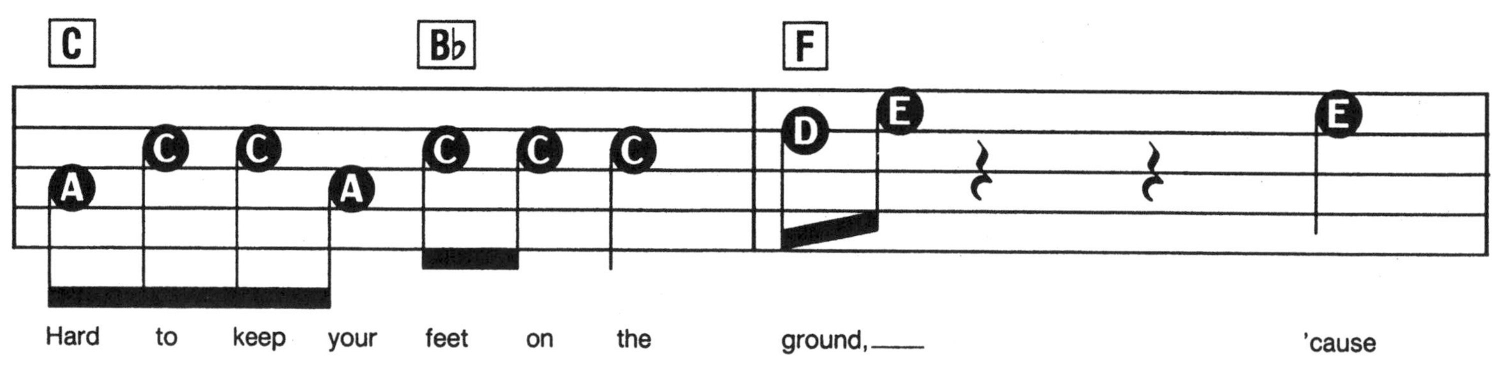
C
B♭
F
A
C
C
A
C
C
C
D
E
E
Hard to keep your feet on the ground, 'cause

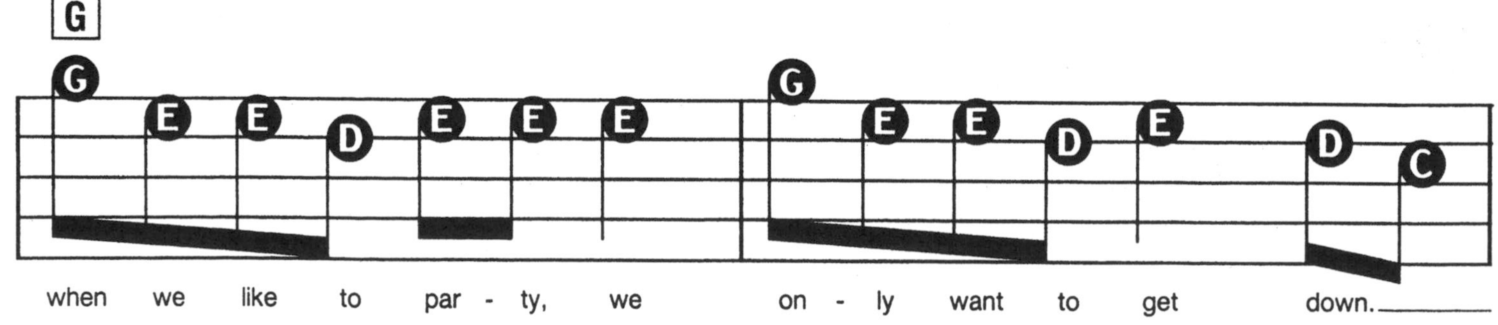
G
G
E
E
D
E
E
E
G
E
E
D
E
D
C
when we like to par - ty, we on - ly want to get down.

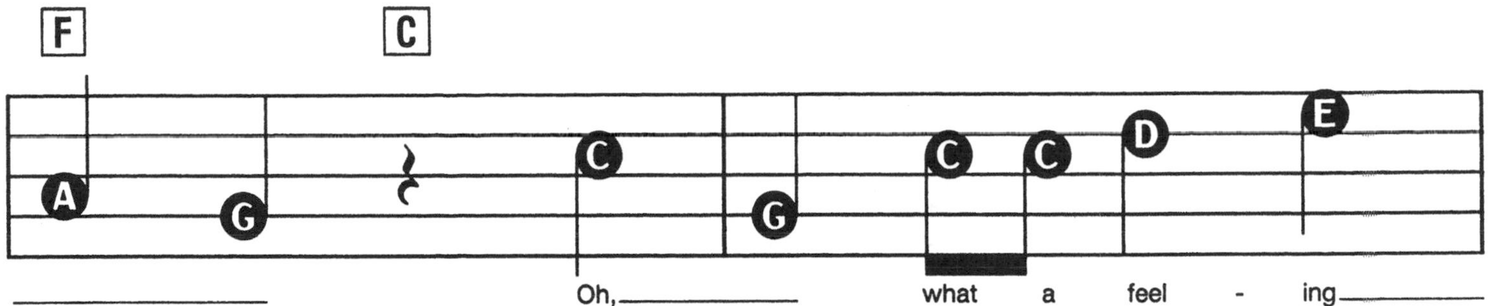
F
C
A G C G C C D E
Oh, what a feel - ing

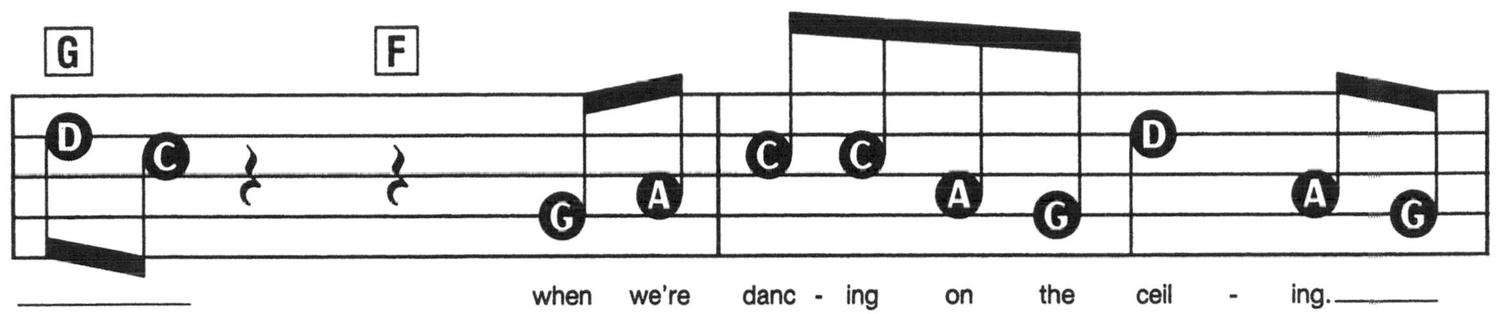
G
F
D C G A C C A G D A G
when we're danc - ing on the ceil - ing.

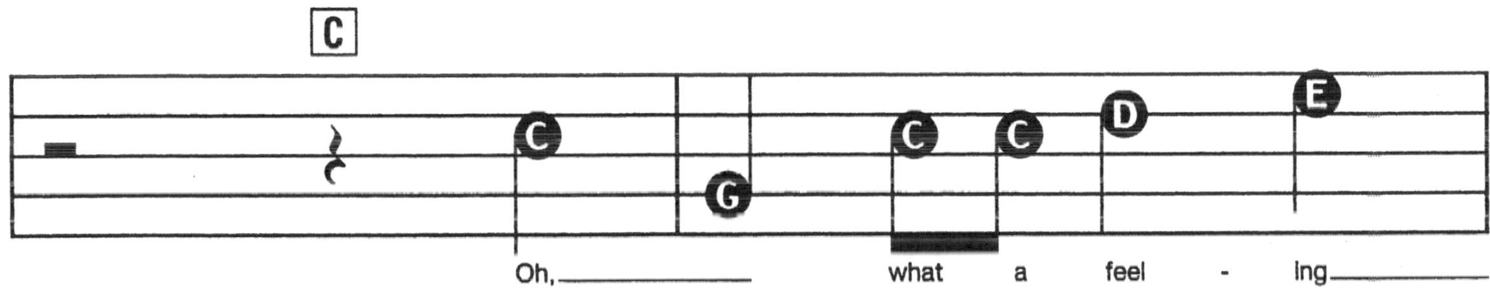
C
C G C C D E
Oh, what a feel - ing

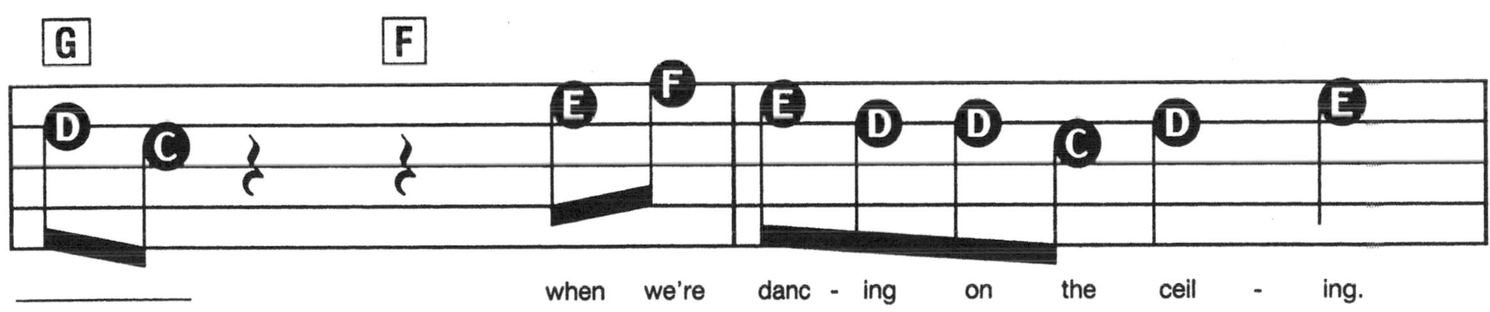
G
F
D C E F E D D C D E
when we're danc - ing on the ceil - ing.

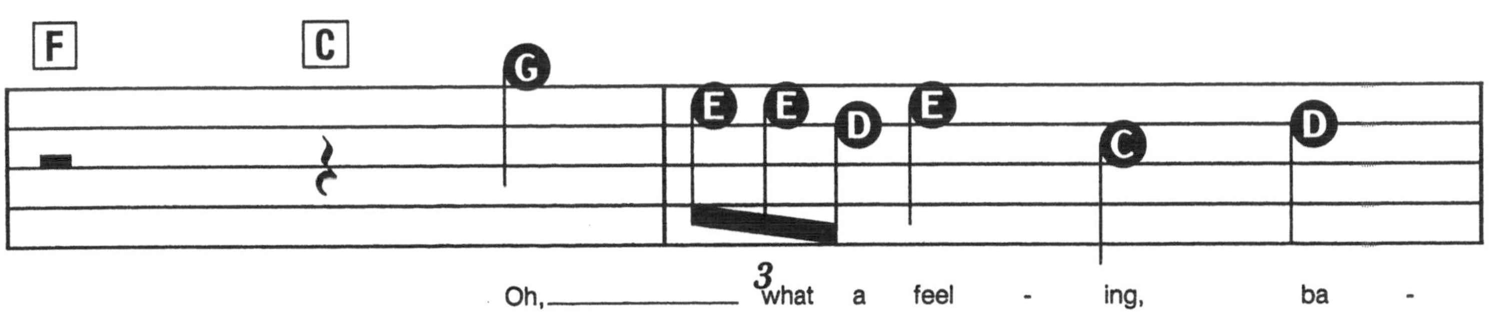
F
C
G E E D E C D
3
Oh, what a feel - ing, ba -

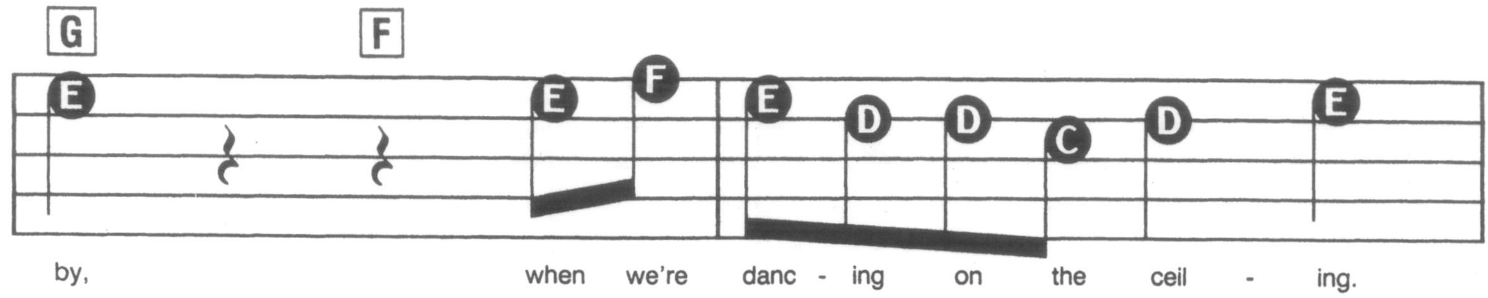
G
F
E
E
F
E
D
D
C
D
E
by,
when we're danc - ing on the ceil - ing.

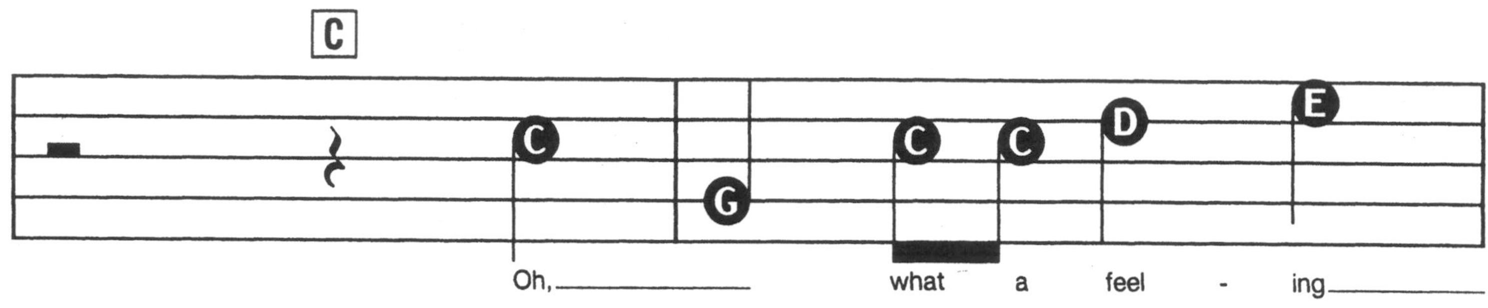
C
C
G
C
C
D
E
Oh,
what a feel - ing

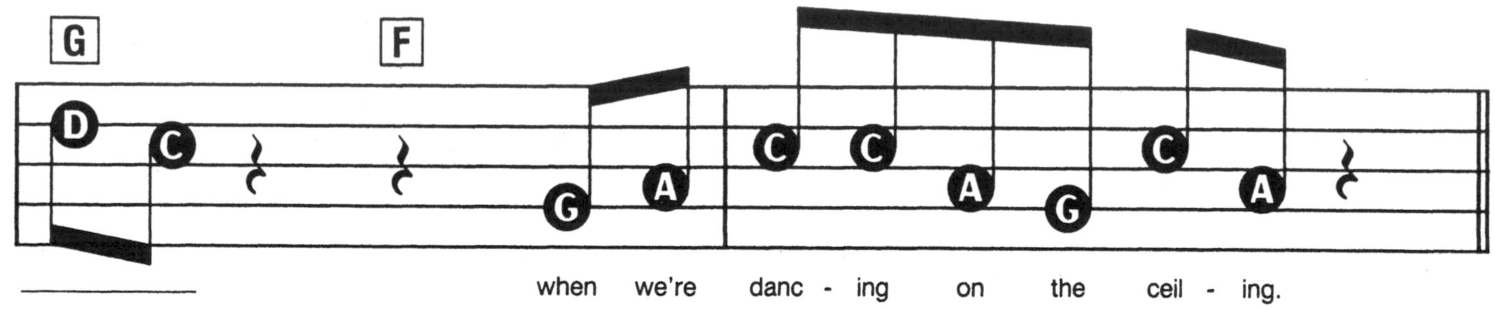
G
F
D
C
G
A
C
C
A
G
C
A
when we're danc - ing on the ceil - ing.

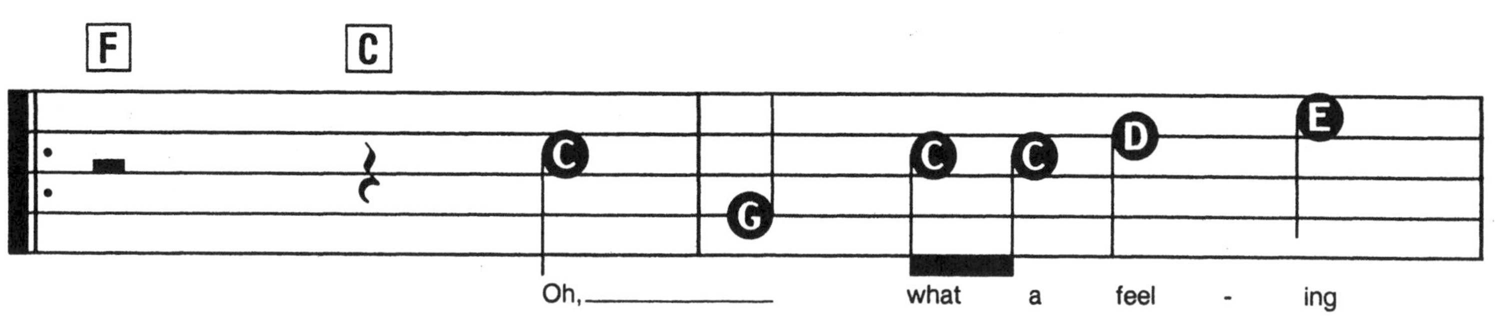
F
C
C
G
C
C
D
E
Oh,
what a feel - ing

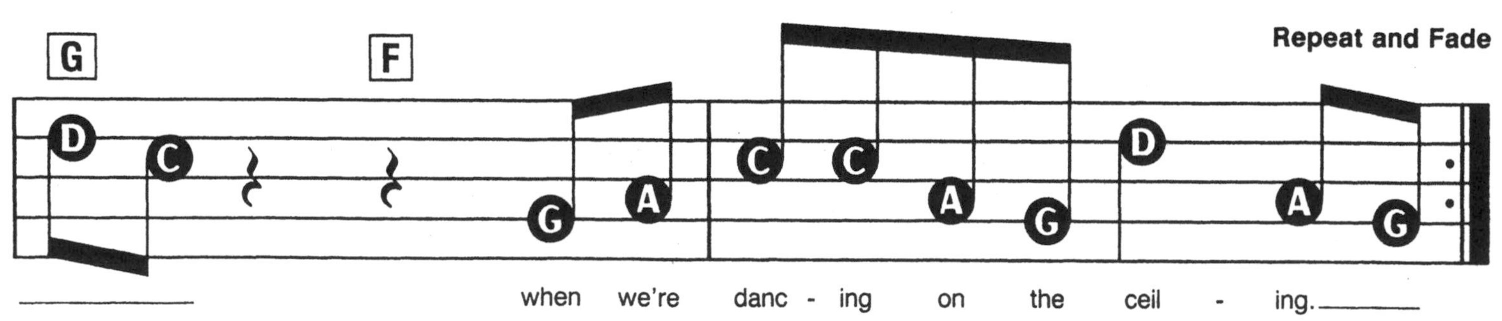
G
F
Repeat and Fade
D
C
G
A
C
C
A
G
D
A
G
when we're danc - ing on the ceil - ing.

# Lady

Words and Music by
Lionel Richie

**Registration 3**
**Rhythm: Ballad**

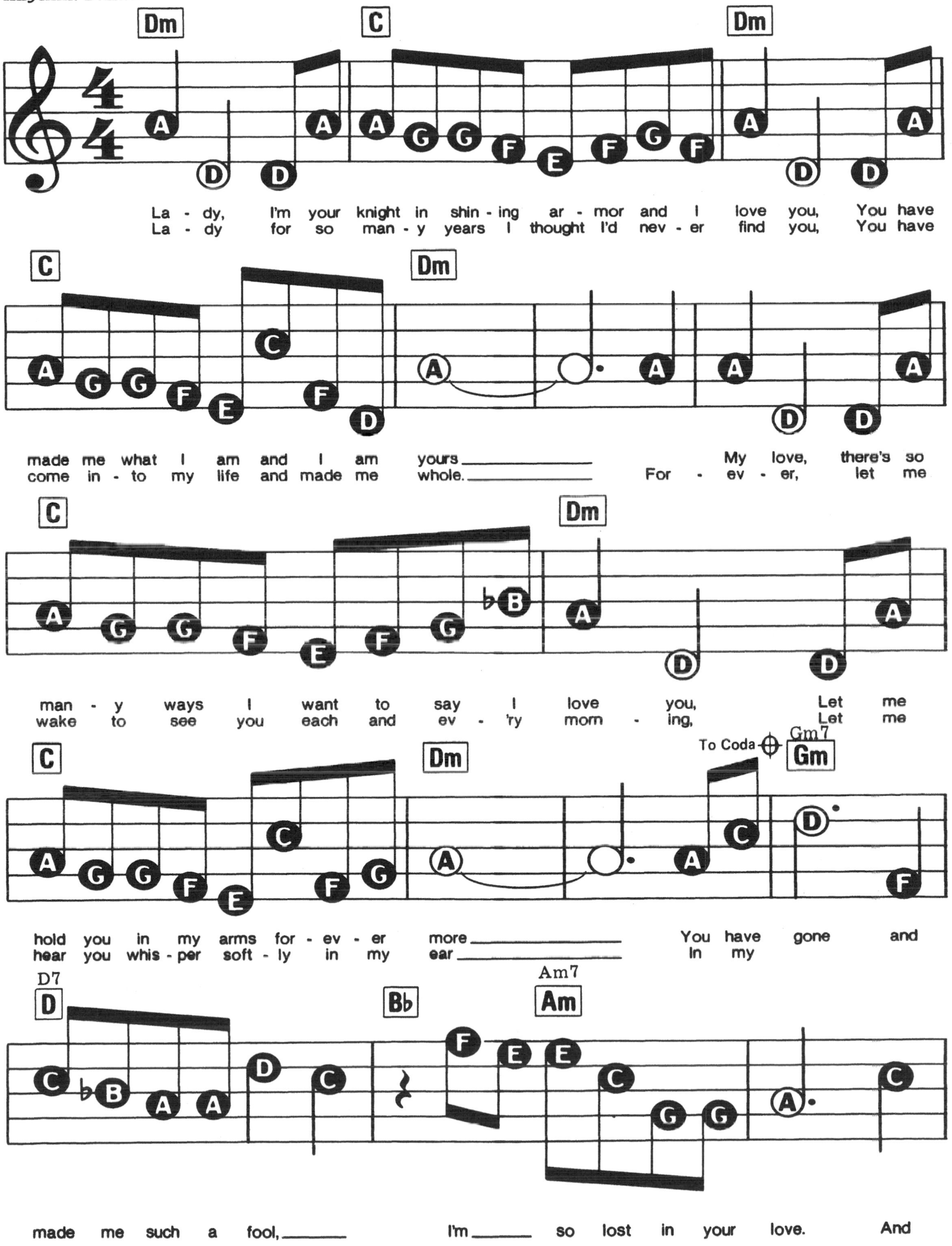

La - dy, I'm your knight in shin - ing ar - mor and I love you, You have
La - dy for so man - y years I thought I'd nev - er find you, You have

made me what I am and I am yours_____ My love, there's so
come in - to my life and made me whole._____ For - ev - er, let me

man - y ways I want to say I love you, Let me
wake to see you each and ev - 'ry morn - ing, Let me

hold you in my arms for - ev - er more_____ You have gone and
hear you whis - per soft - ly in my ear_____ In my

made me such a fool,_____ I'm_____ so lost in your love. And

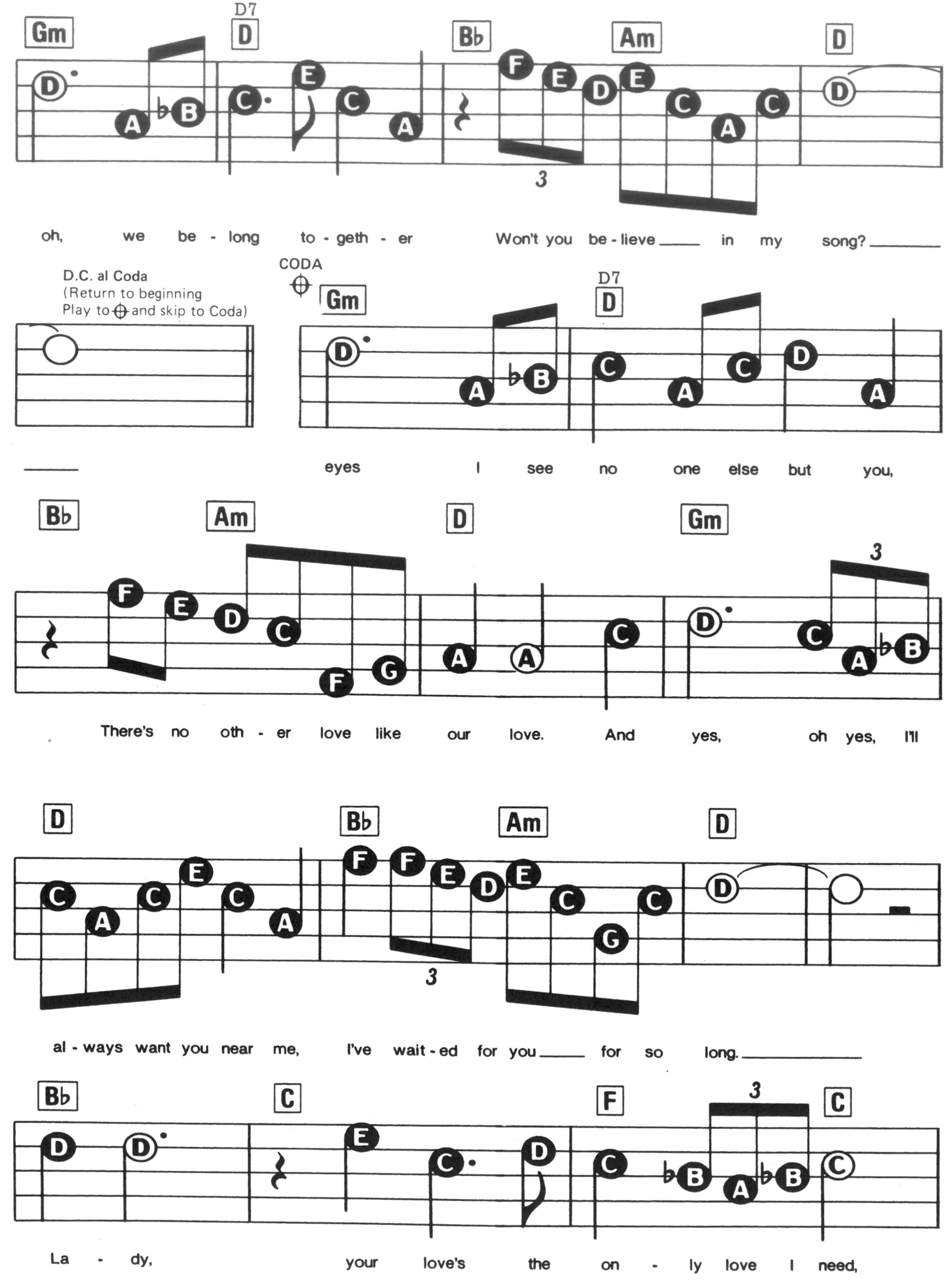
Gm
D7
D
Bb
Am
D
3
oh, we be - long to - geth - er Won't you be - lieve in my song?
D.C. al Coda
(Return to beginning
Play to ⊕ and skip to Coda)
CODA
Gm
D7
D
eyes I see no one else but you,
Bb
Am
D
Gm
3
There's no oth - er love like our love. And yes, oh yes, I'll
D
Bb
Am
D
3
al - ways want you near me, I've wait - ed for you for so long.
Bb
C
F
3
C
La - dy, your love's the on - ly love I need,

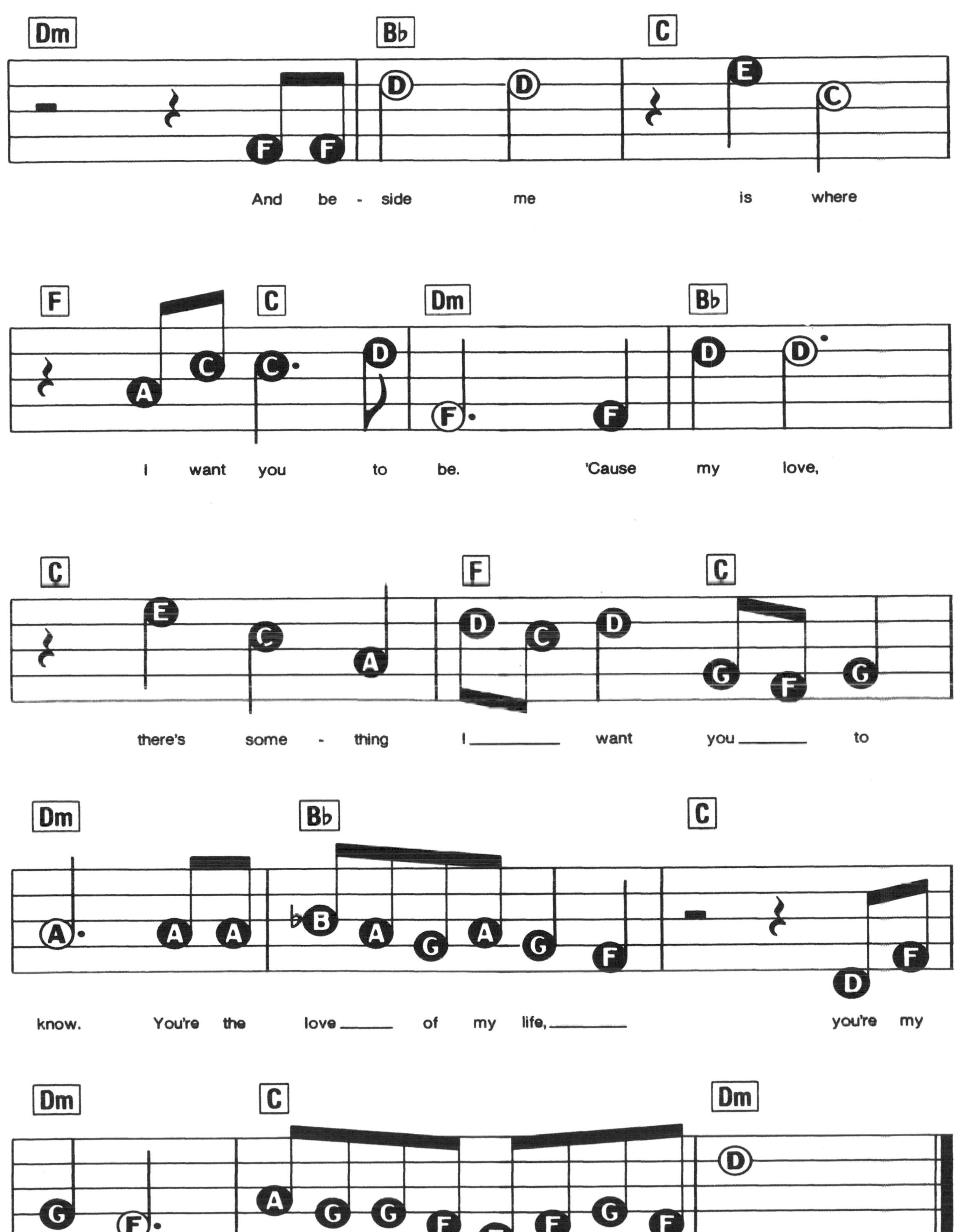
Dm
Bb
C
F
F
D
D
E
C
And be - side me is where
F
C
Dm
Bb
A
C
C
D
F
F
D
D
I want you to be. 'Cause my love,
C
F
C
E
C
A
D
C
D
G
F
G
there's some - thing I want you to
Dm
Bb
C
A
A
A
B
A
G
A
G
F
D
F
know. You're the love of my life, you're my
Dm
C
Dm
G
F
A
G
G
F
E
F
G
F
D
la - dy.

# Endless Love

Registration 1
Rhythm: Rock

Words and Music by
Lionel Richie

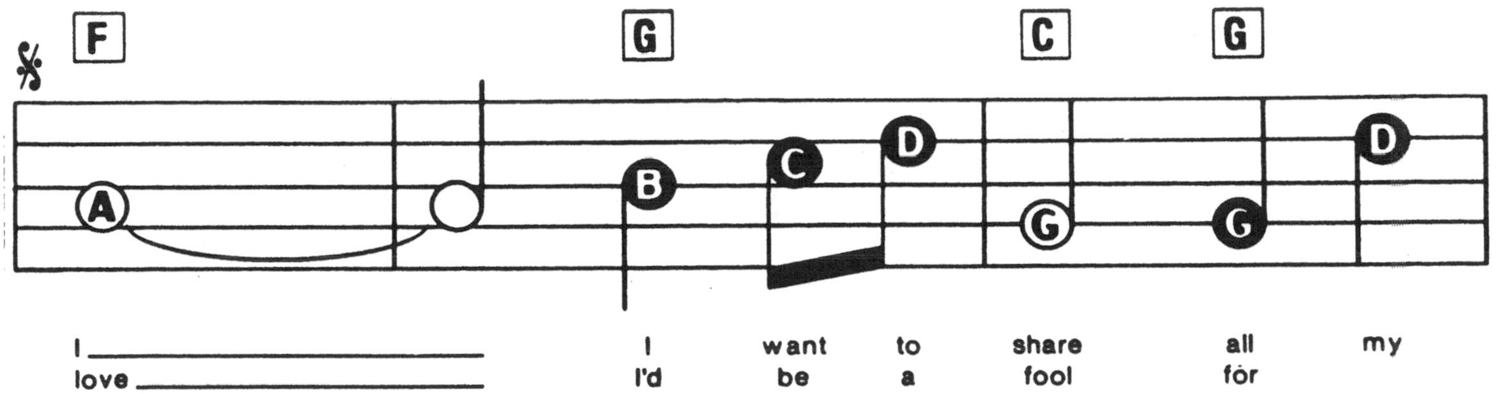
F
G
C
G
I
I want to share all my
love
I'd be a fool for

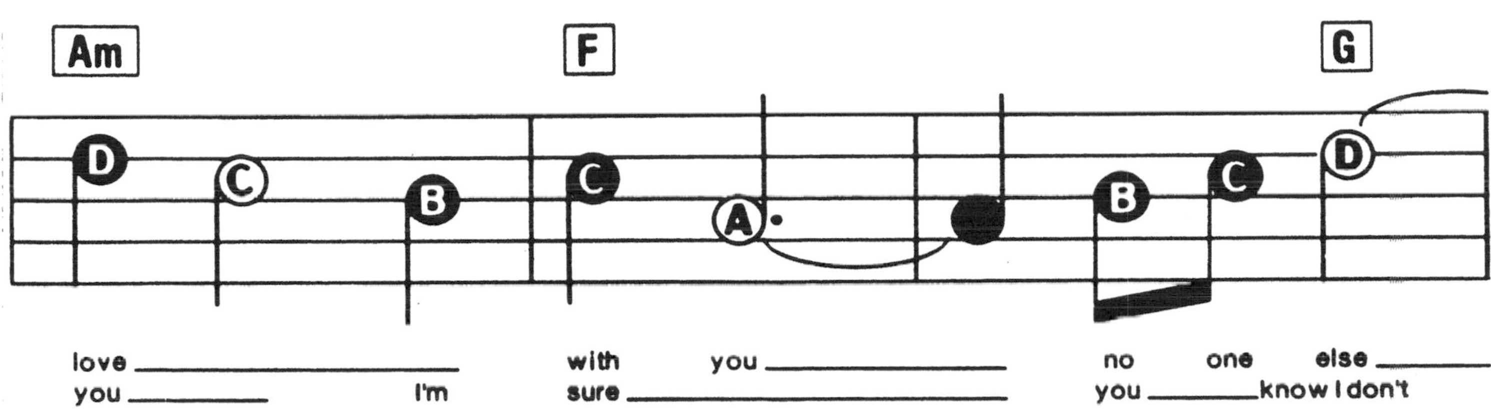
Am
F
G
love
with you
no one else
you
I'm
sure
you
know I don't

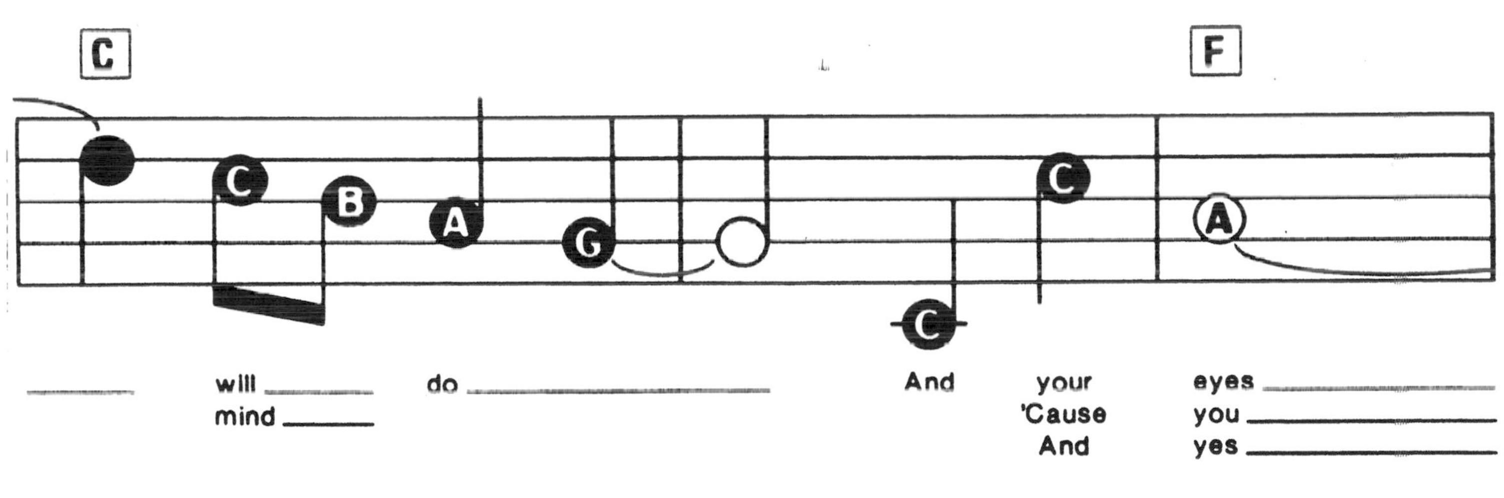
C
F
will
do
And your eyes
mind
'Cause you
And yes

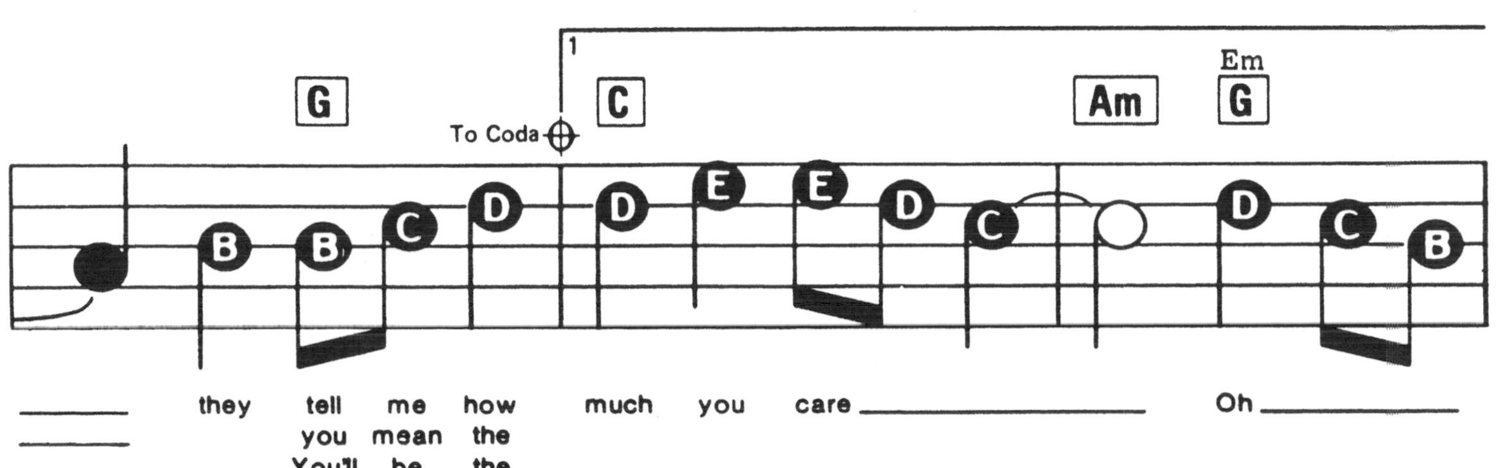
G
To Coda
1
C
Am
Em
G
they tell me how much you care
Oh
you mean the
You'll be the

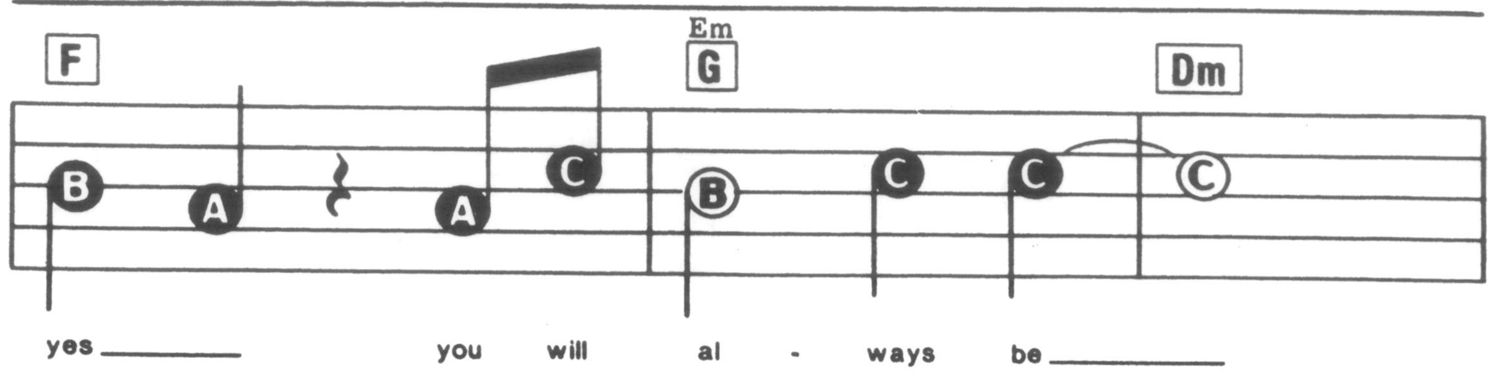
F
Em
G
Dm
B A A C B C C C
yes ______ you will al - ways be ______

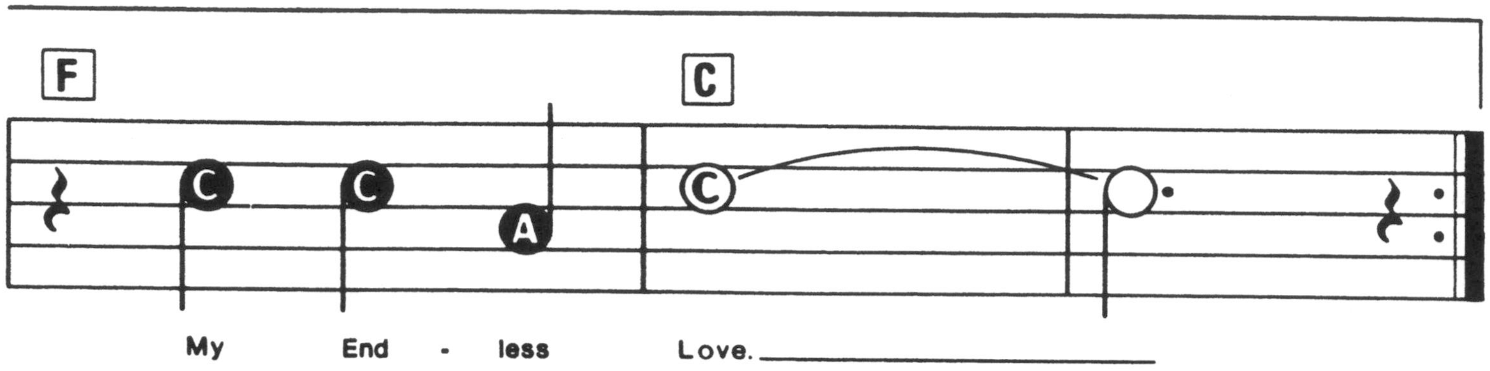
F
C
C C A C
My End - less Love. ______

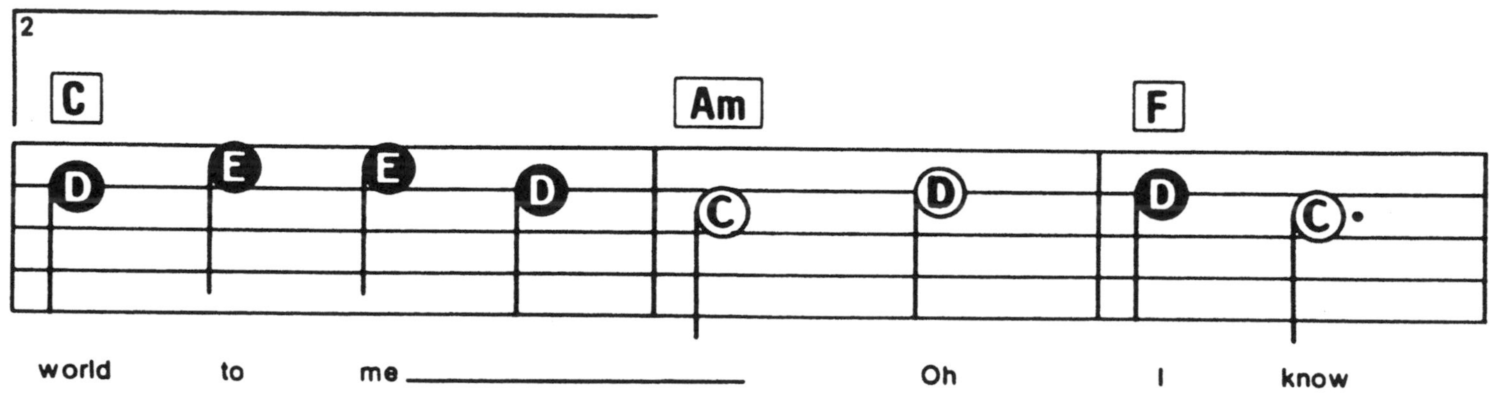
2
C
Am
F
D E E D C D D C
world to me ______ Oh I know

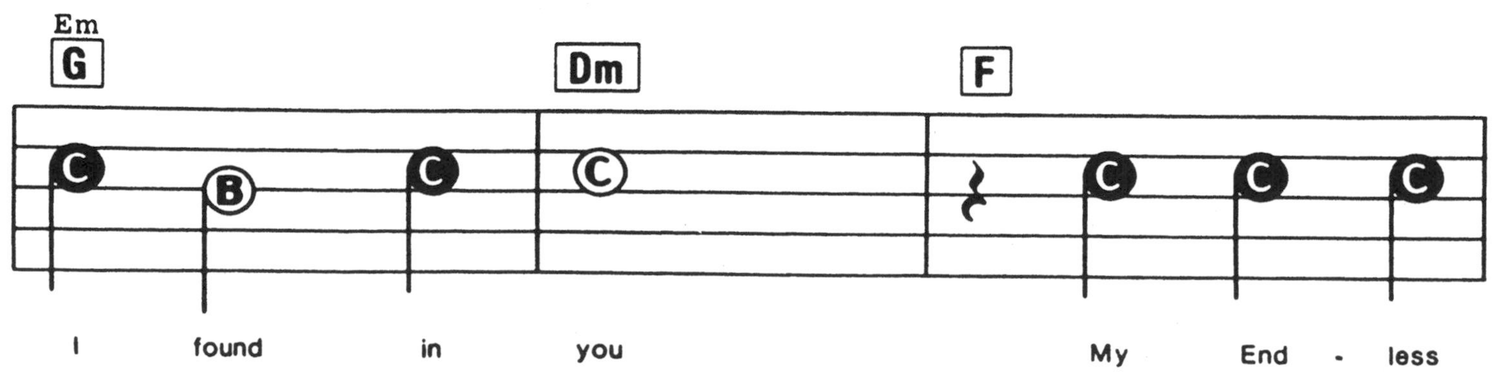
Em
G
Dm
F
C B C C C C C
I found in you My End - less

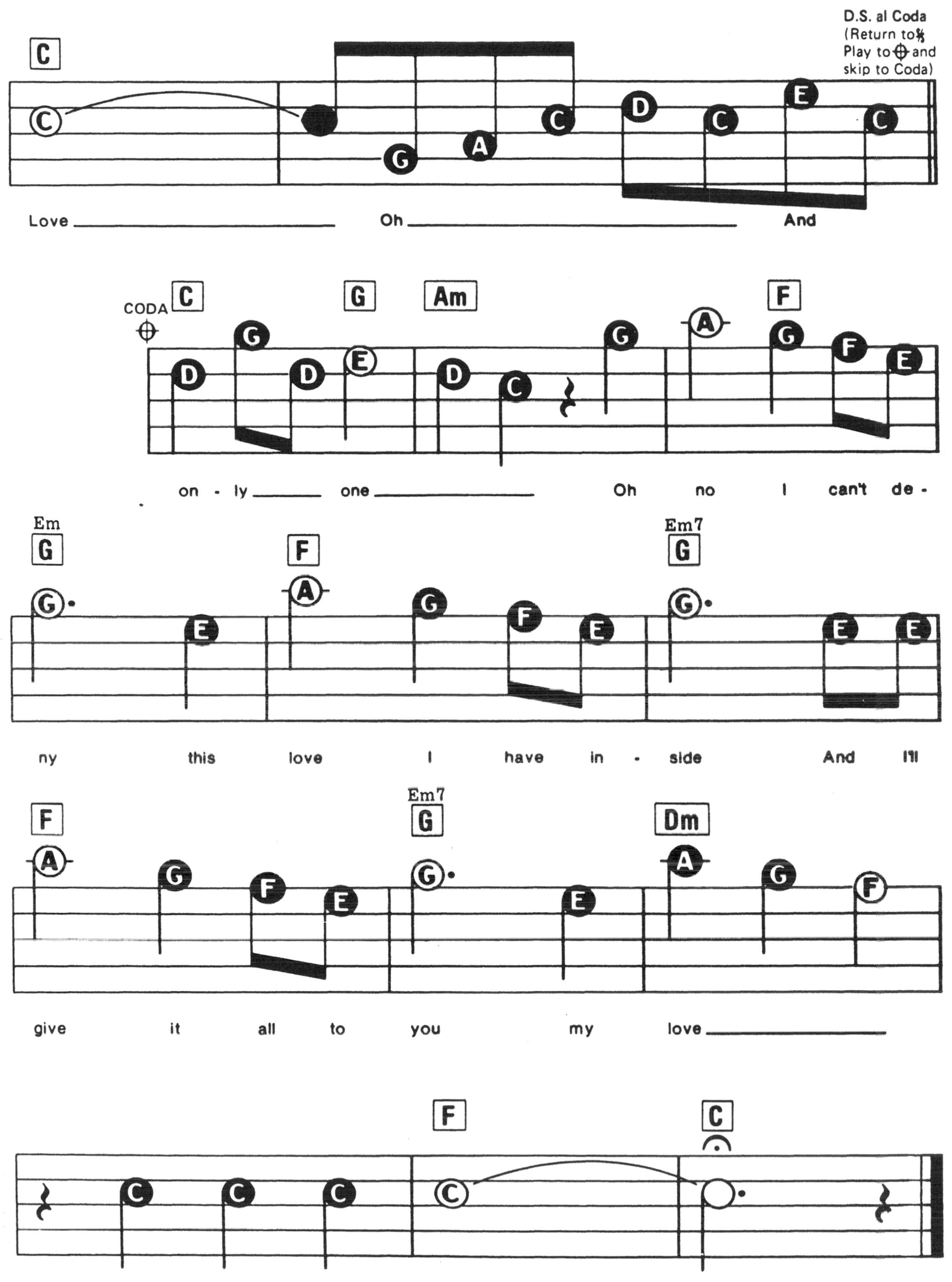
D.S. al Coda
(Return to 𝄋
Play to ⊕ and
skip to Coda)
C
C
G A C D C E C
Love
Oh
And
CODA
C G Am F
D G D E D C G A G F E
on - ly one
Oh no I can't de -
Em
G
F
Em7
G
G E A G F E G E E
ny this love I have in - side And I'll
F
Em7
G
Dm
A G F E G E A G F
give it all to you my love
F
C
C C C C
My End - less Love.

# Hello

Registration 1
Rhythm: Slow Rock or Ballad

Words and Music by
Lionel Richie

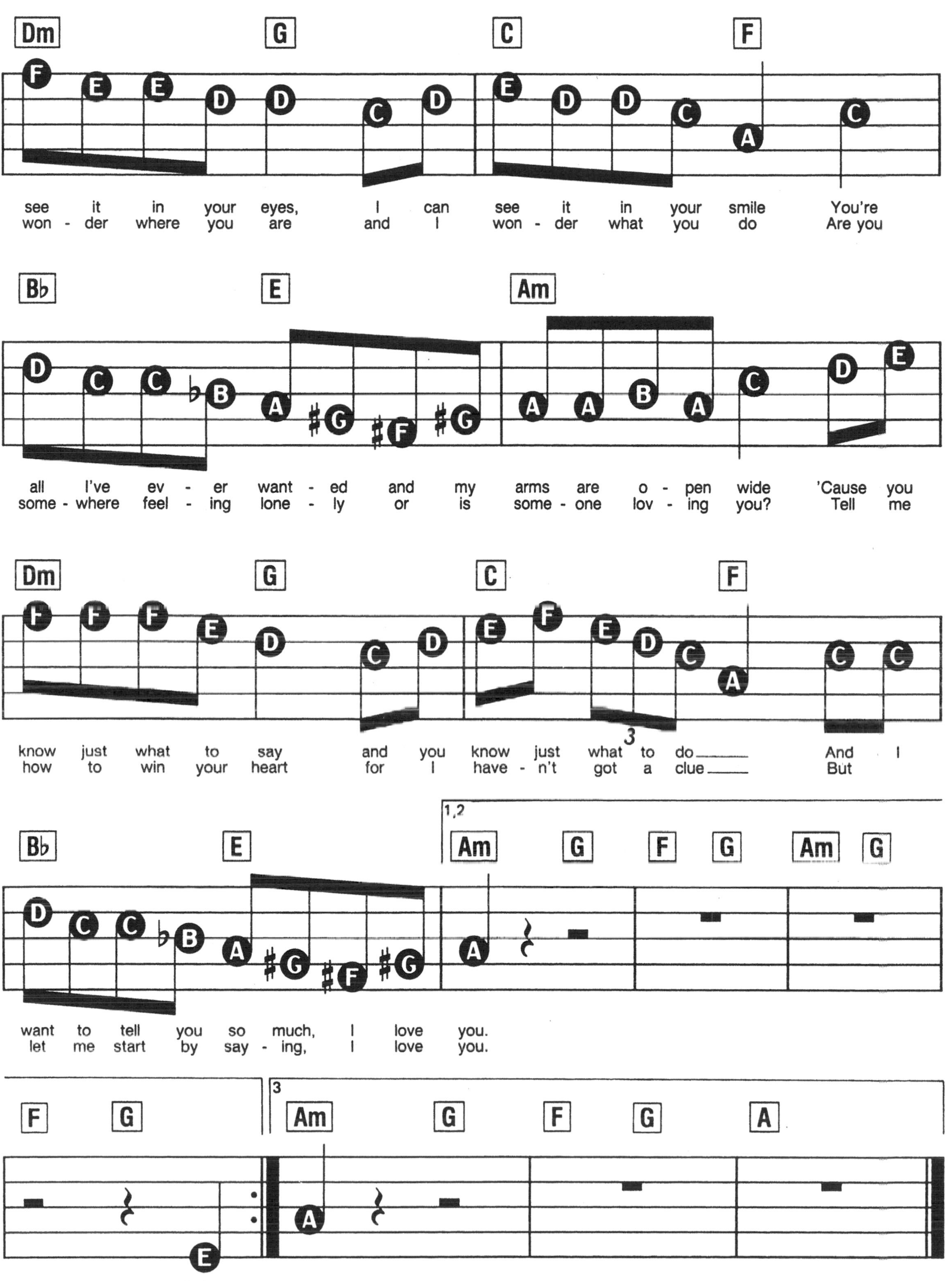
Dm G C F
see it in your eyes, I can see it in your smile You're
won - der where you are and I won - der what you do Are you
B♭ E Am
all I've ev - er want - ed and my arms are o - pen wide 'Cause you
some - where feel - ing lone - ly or is some - one lov - ing you? Tell me
Dm G C F
know just what to say and you know just what to do And I
how to win your heart for I have - n't got a clue But
3
B♭ E
1,2
Am G F G Am G
want to tell you so much, I love you.
let me start by say - ing, I love you.
F G
3
Am G F G A
2. I you.

# Penny Lover

Registration 4
Rhythm: Rock

Words and Music by Lionel Richie
and Brenda Harvey-Richie

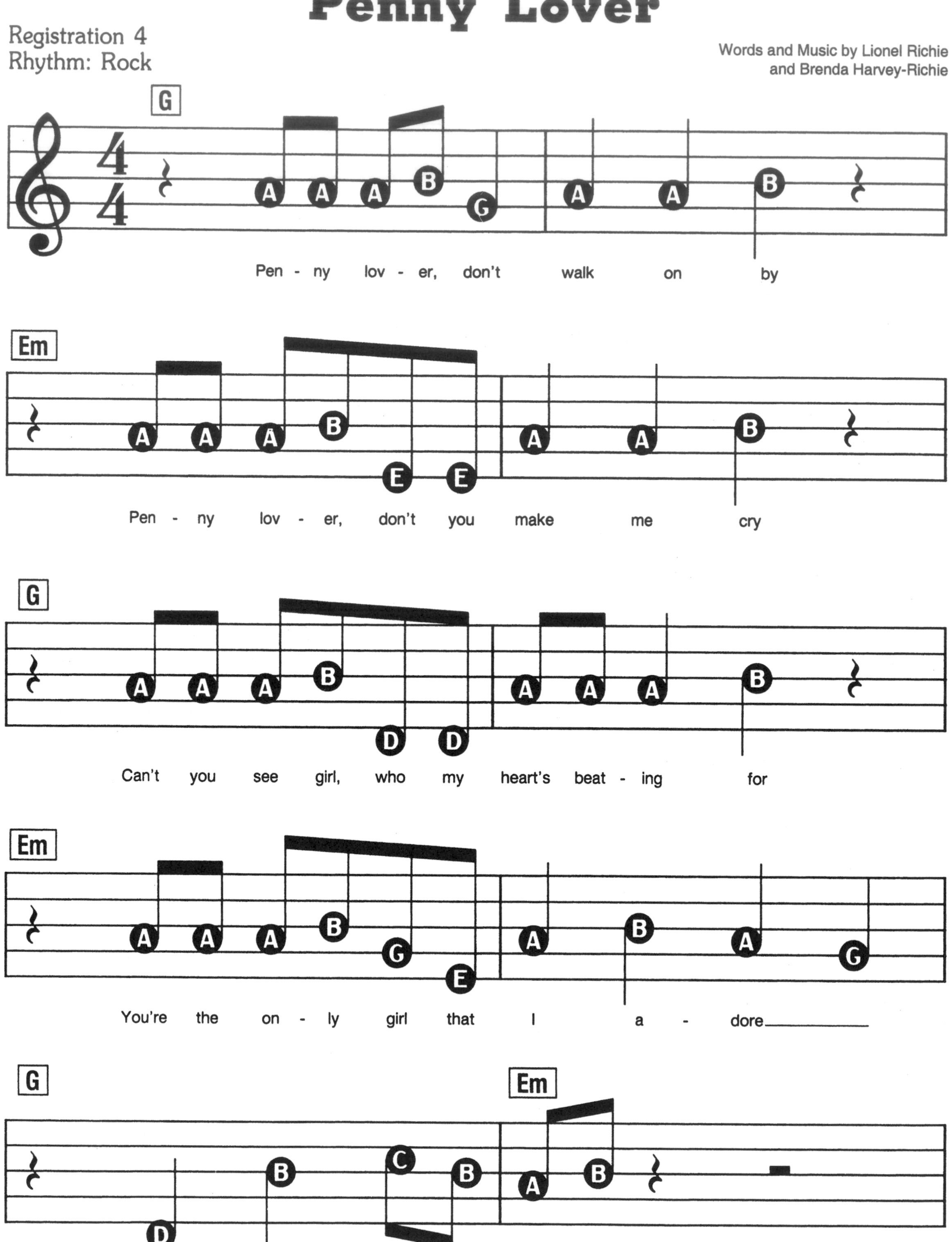

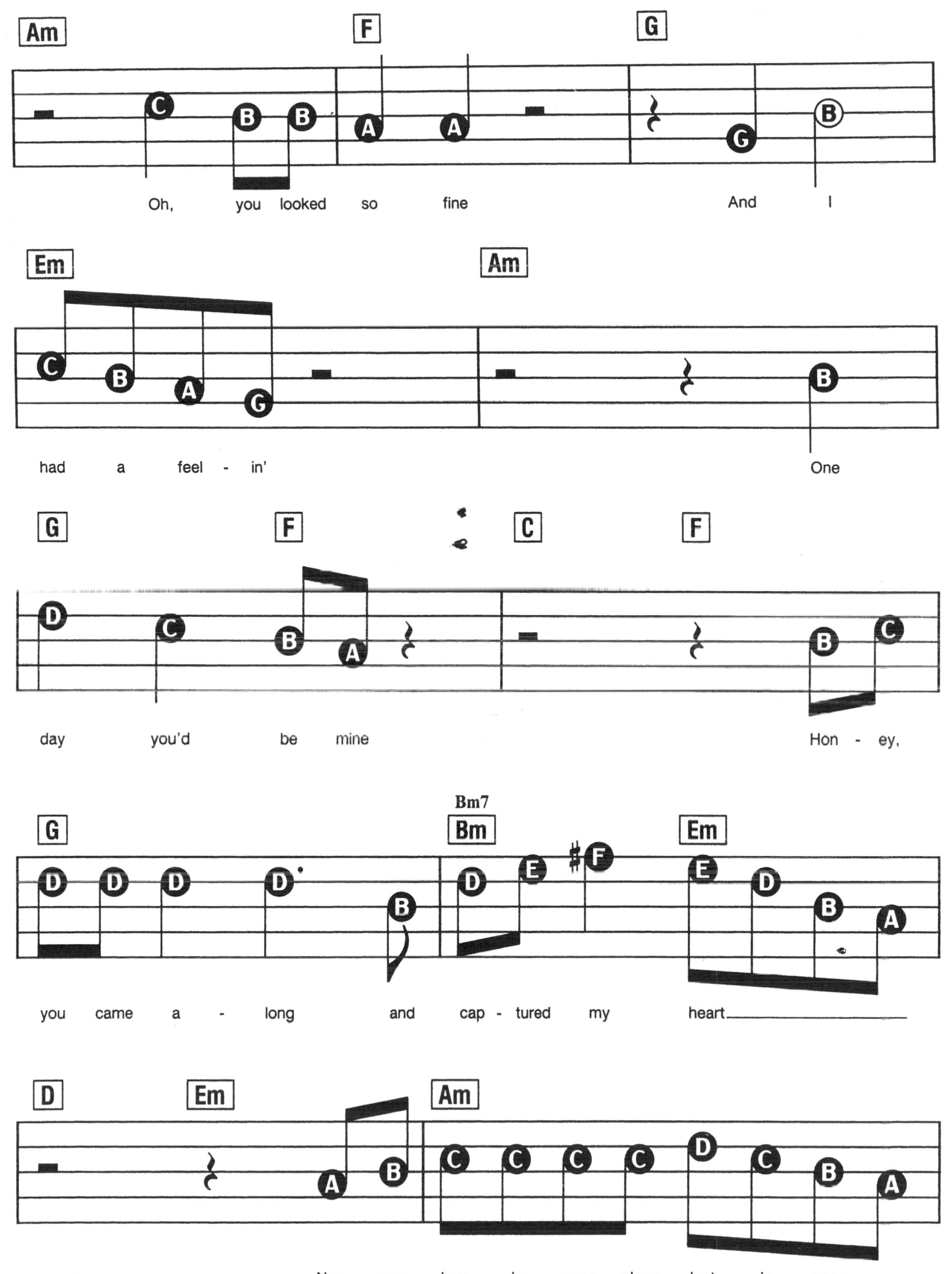
Am
F
G
Oh, you looked so fine
And I
Em
Am
had a feel - in'
One
G
F
C
F
day you'd be mine
Hon - ey,
G
Bm7
Bm
Em
you came a - long and cap - tured my heart
D
Em
Am
Now my love is some - where lost in your

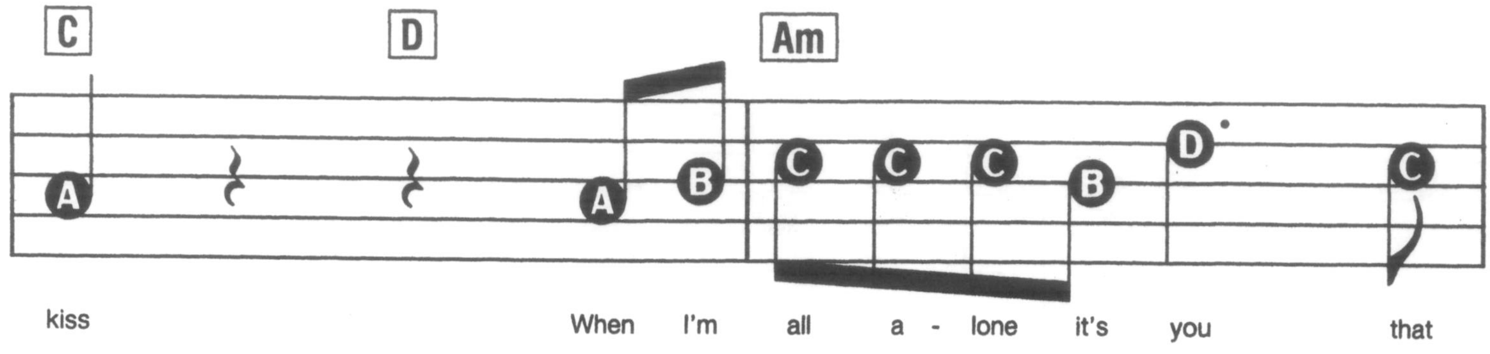
C
D
Am
A
B
C
D
kiss
When I'm all a - lone it's you that

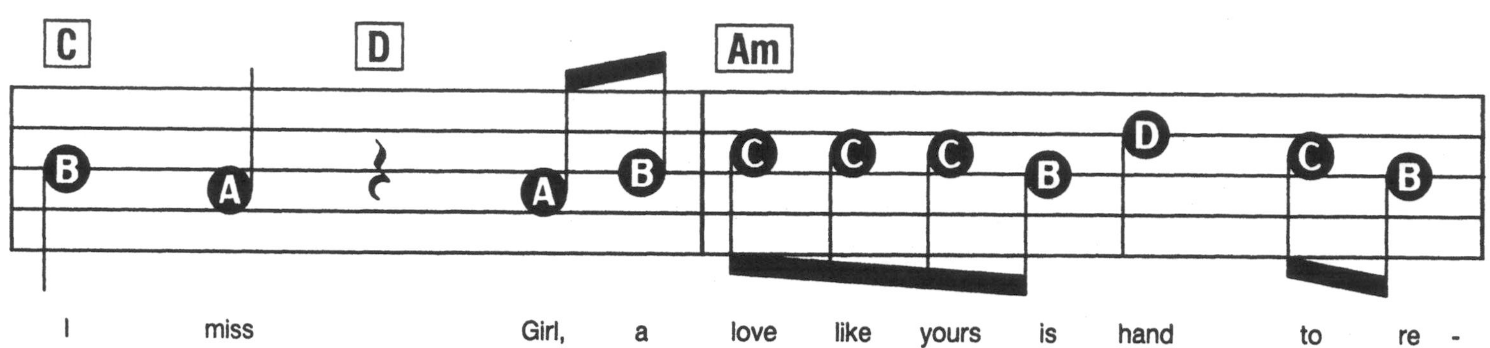
C
D
Am
I miss
Girl, a love like yours is hand to re -

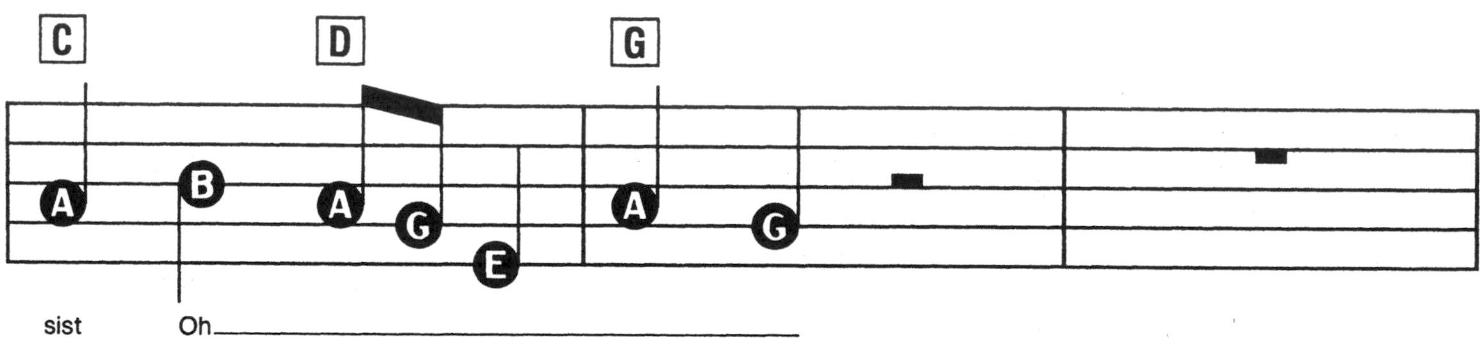
C
D
G
E
sist Oh

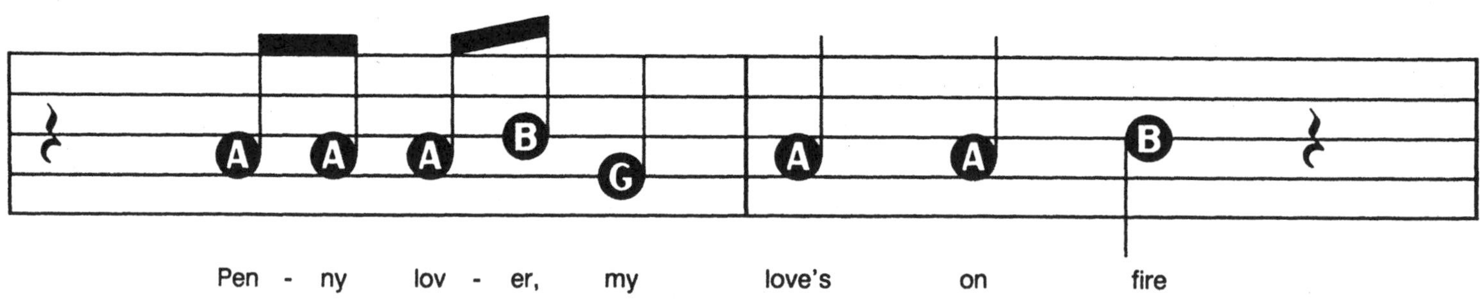
Pen - ny lov - er, my love's on fire

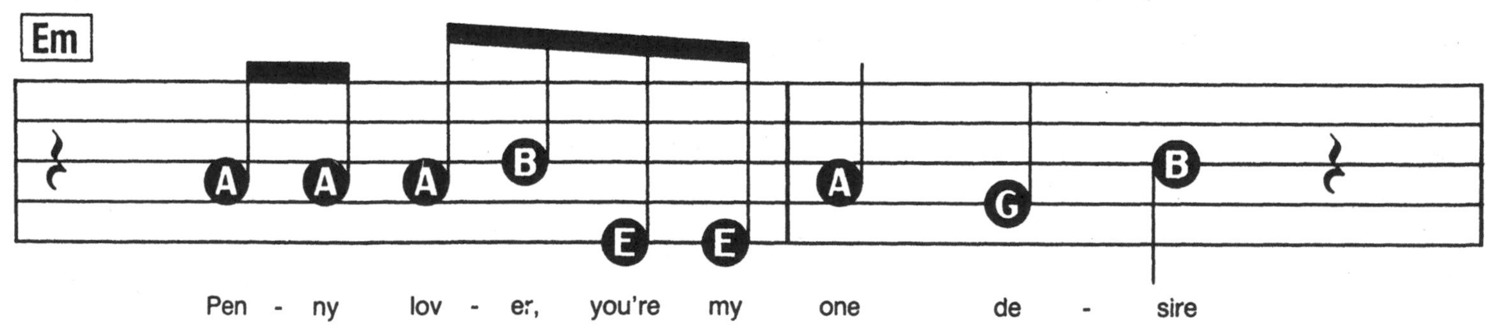
Em
Pen - ny lov - er, you're my one de - sire

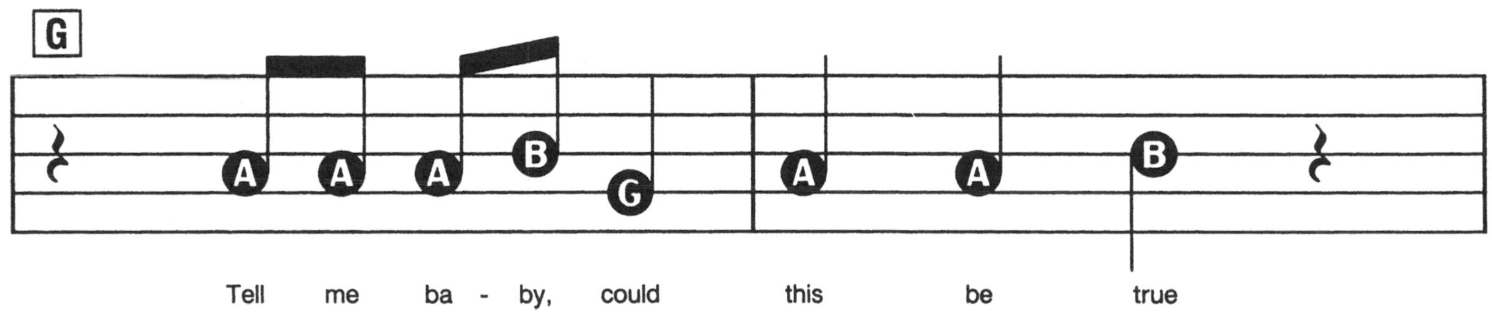
G
A A A B G A A B
Tell me ba - by, could this be true

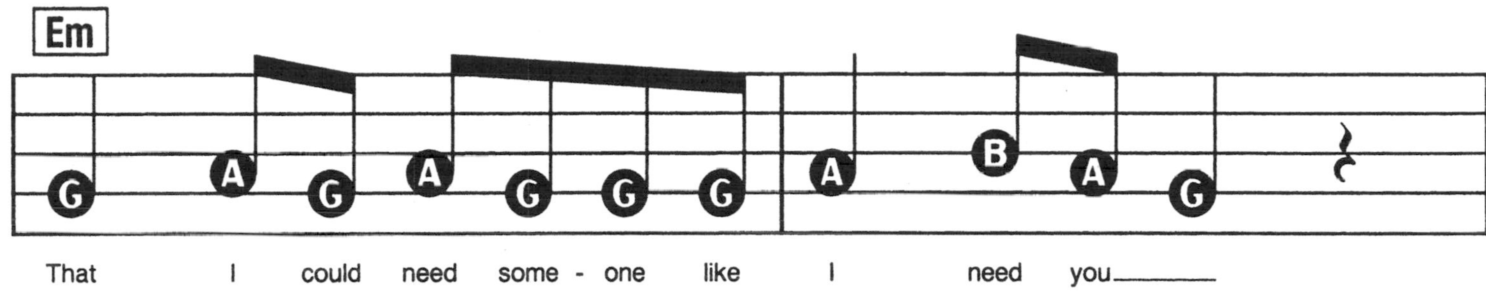
Em
G A G A G G G A B A G
That I could need some - one like I need you

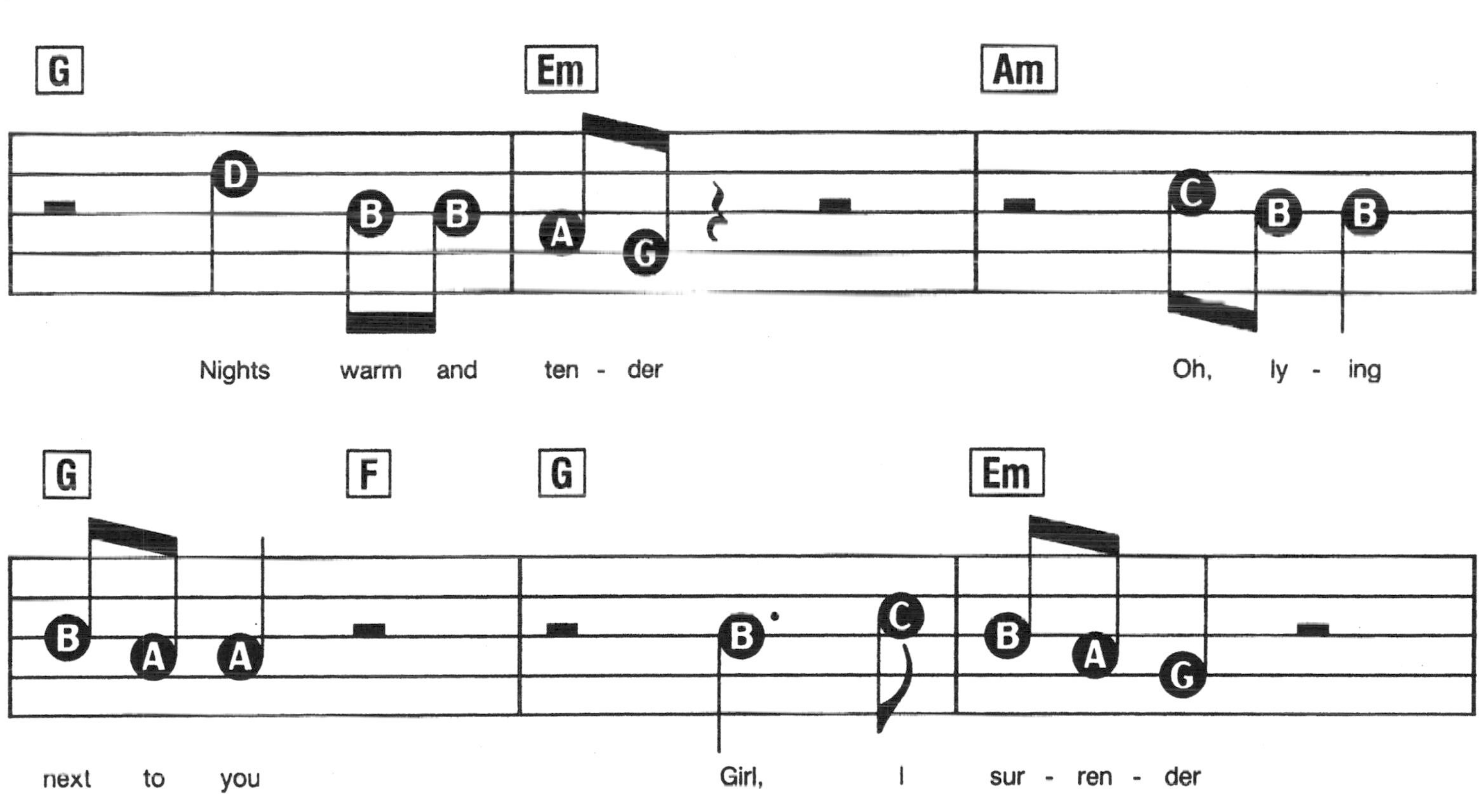
G
Em
Am
D B B A G C B B
Nights warm and ten - der
Oh, ly - ing
G
F
G
Em
B A A B C B A G
next to you
Girl, I sur - ren - der

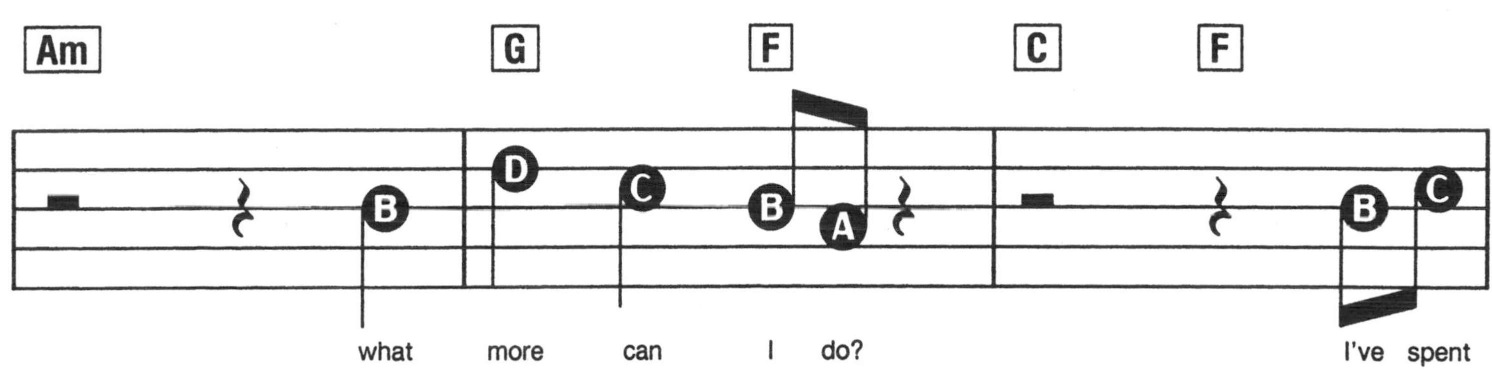
Am
G
F
C
F
B D C B A B C
what more can I do?
I've spent

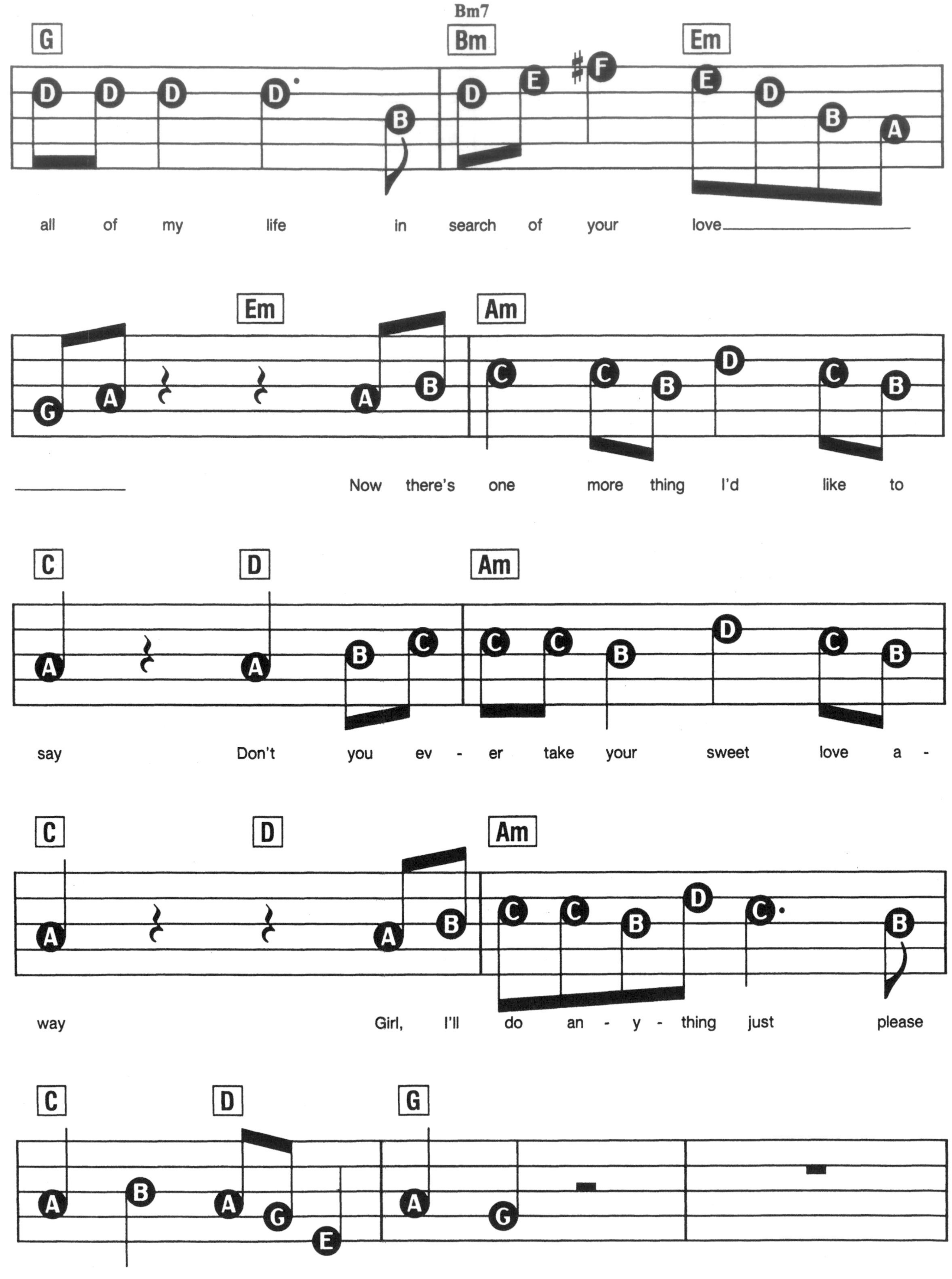
Bm7
G
Bm
Em
D D D D B D E ♯F E D B A
all of my life in search of your love
Em
Am
G A A B C C B D C B
Now there's one more thing I'd like to
C
D
Am
A A B C C C B D C B
say Don't you ev - er take your sweet love a -
C
D
Am
A A B C C B D C B
way Girl, I'll do an - y - thing just please
C
D
G
A B A G E A G
stay, Oh

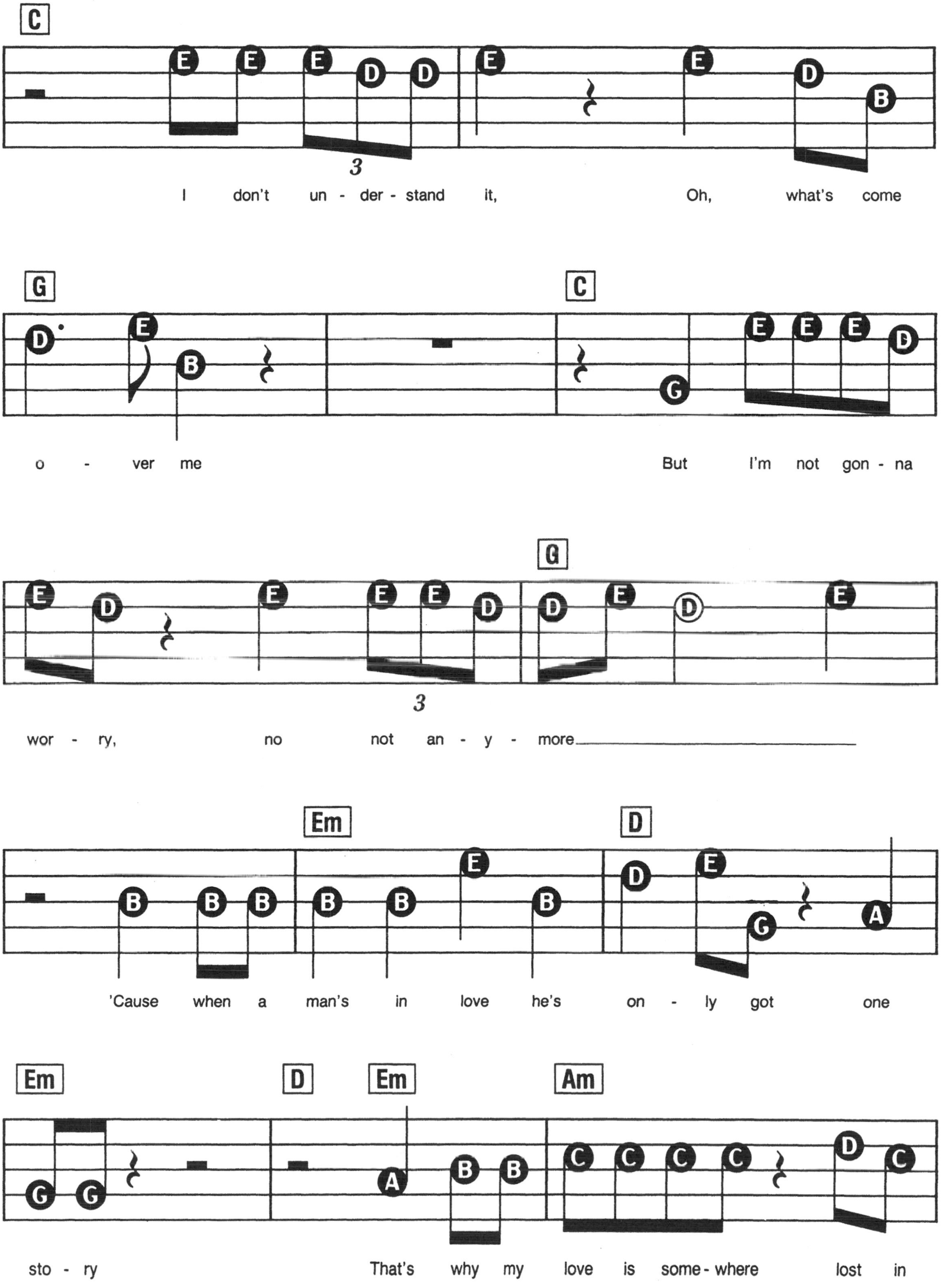

C

I don't un - der - stand it, Oh, what's come

G C

o - ver me But I'm not gon - na

G

wor - ry, no not an - y - more

Em D

'Cause when a man's in love he's on - ly got one

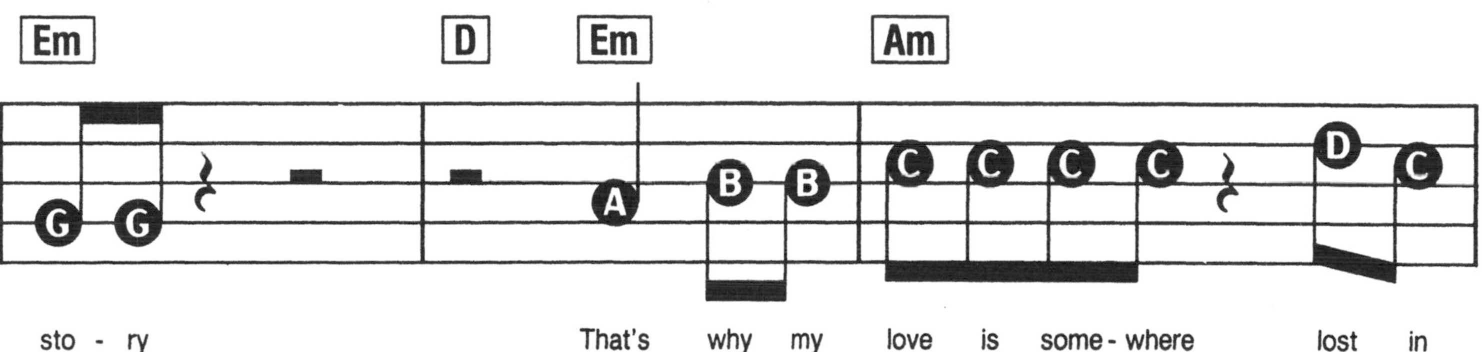

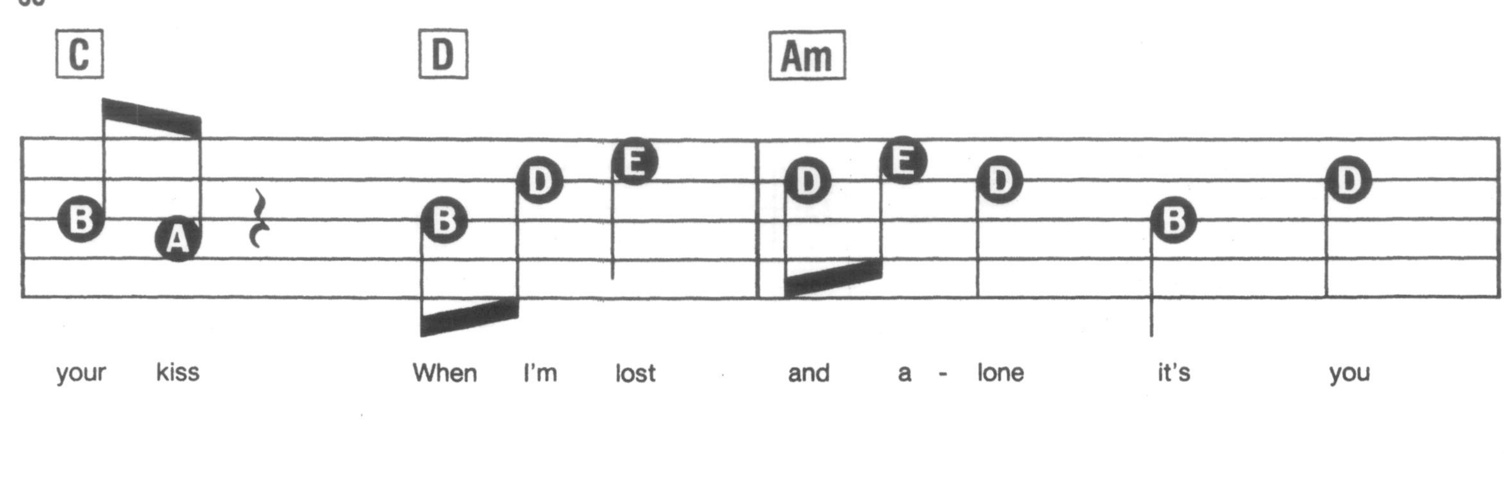
C
D
Am
B
A
B
D
E
D
E
D
B
D
your kiss
When I'm lost
and a - lone it's you

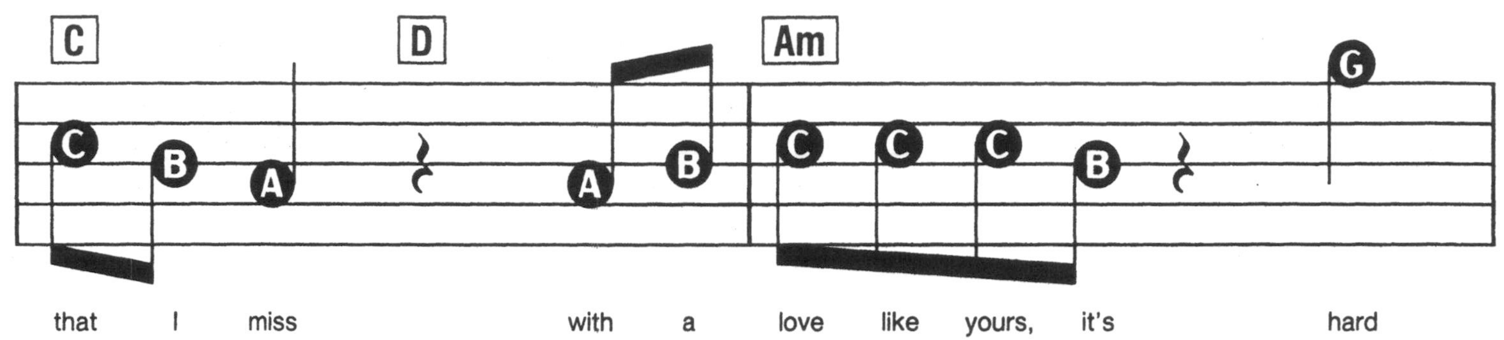
C
D
Am
C
B
A
A
B
C
C
C
B
G
that I miss
with a
love like yours, it's hard

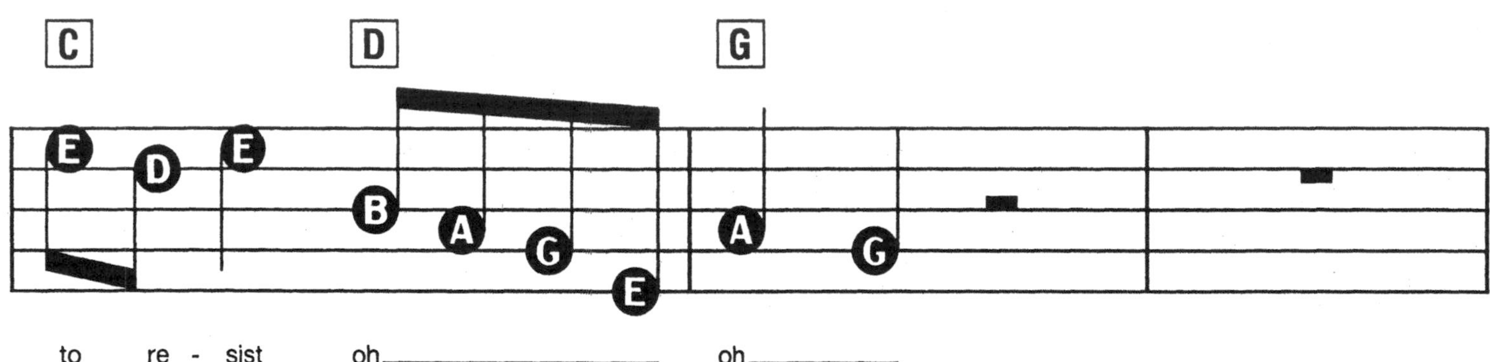
C
D
G
E
D
E
B
A
G
E
A
G
to re - sist oh
oh

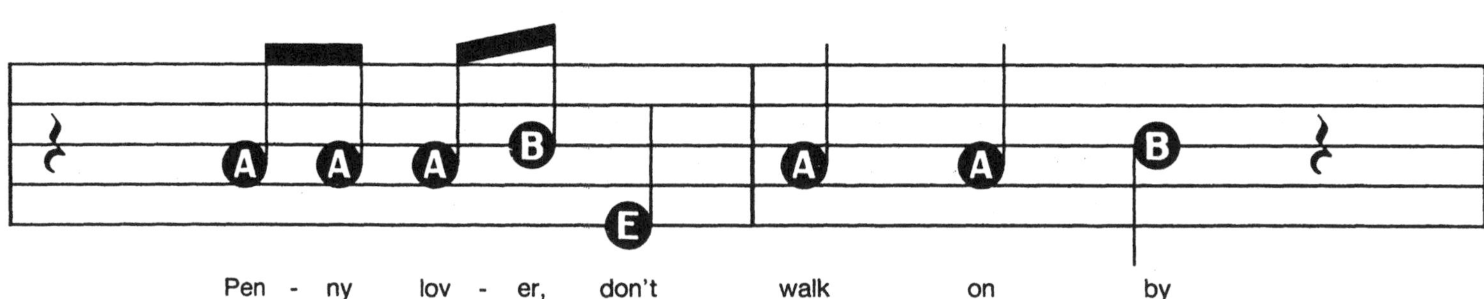
A
A
A
B
E
A
A
B
Pen - ny lov - er, don't walk on by

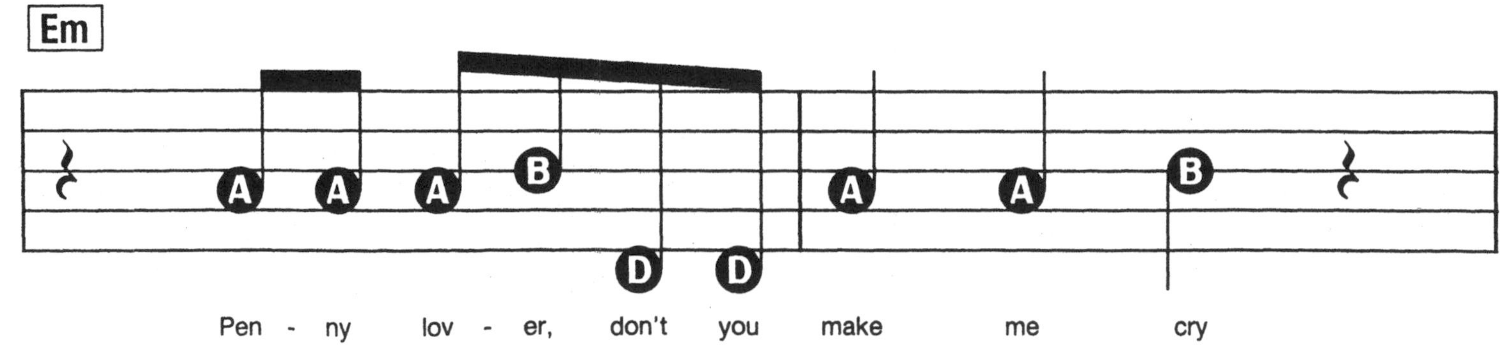
Em
A
A
A
B
D
D
A
A
B
Pen - ny lov - er, don't you make me cry

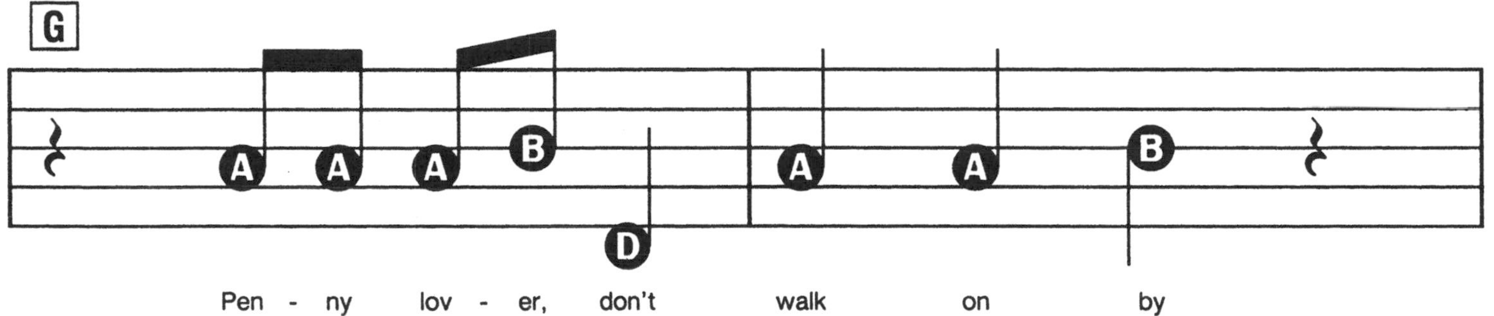
G
A A A B D A A B
Pen - ny lov - er, don't walk on by

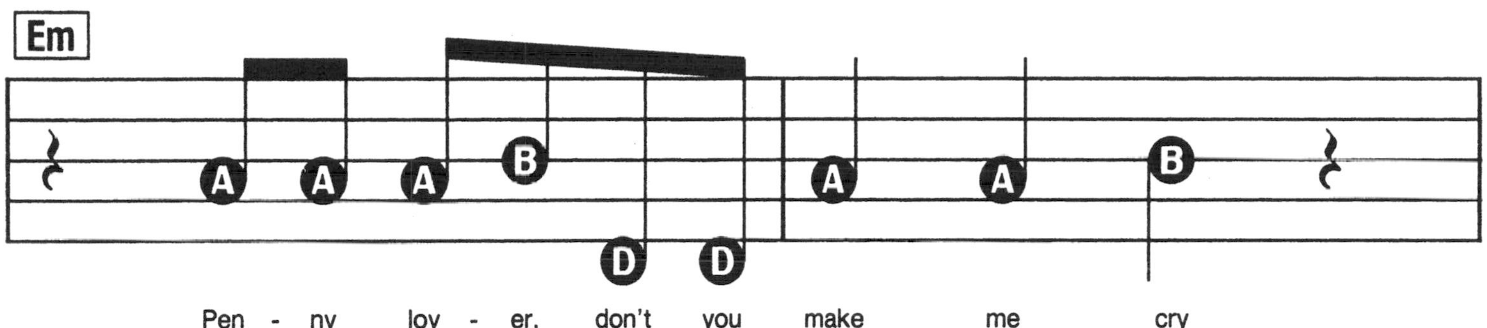
Em
A A A B D D A A B
Pen - ny lov - er, don't you make me cry

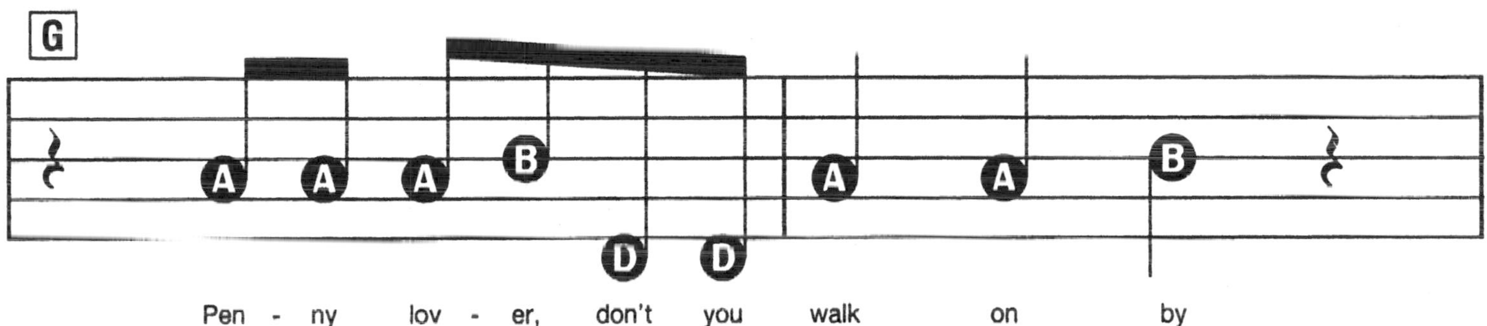
G
A A A B D D A A B
Pen - ny lov - er, don't you walk on by

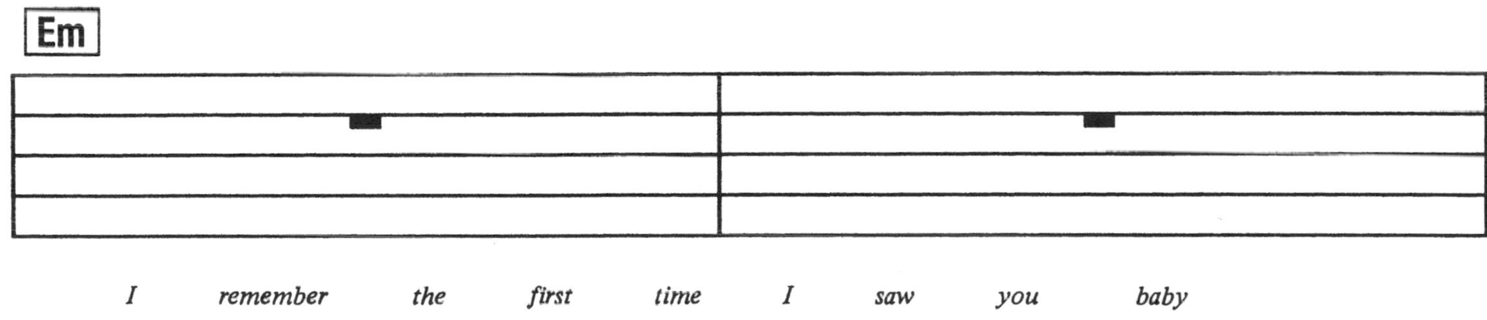
Em
I remember the first time I saw you baby

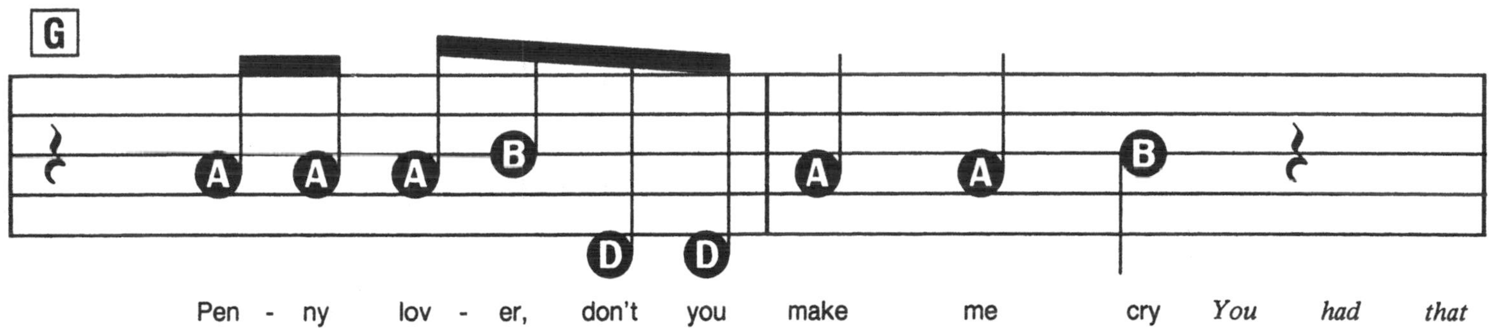
G
A A A B D D A A B
Pen - ny lov - er, don't you make me cry You had that

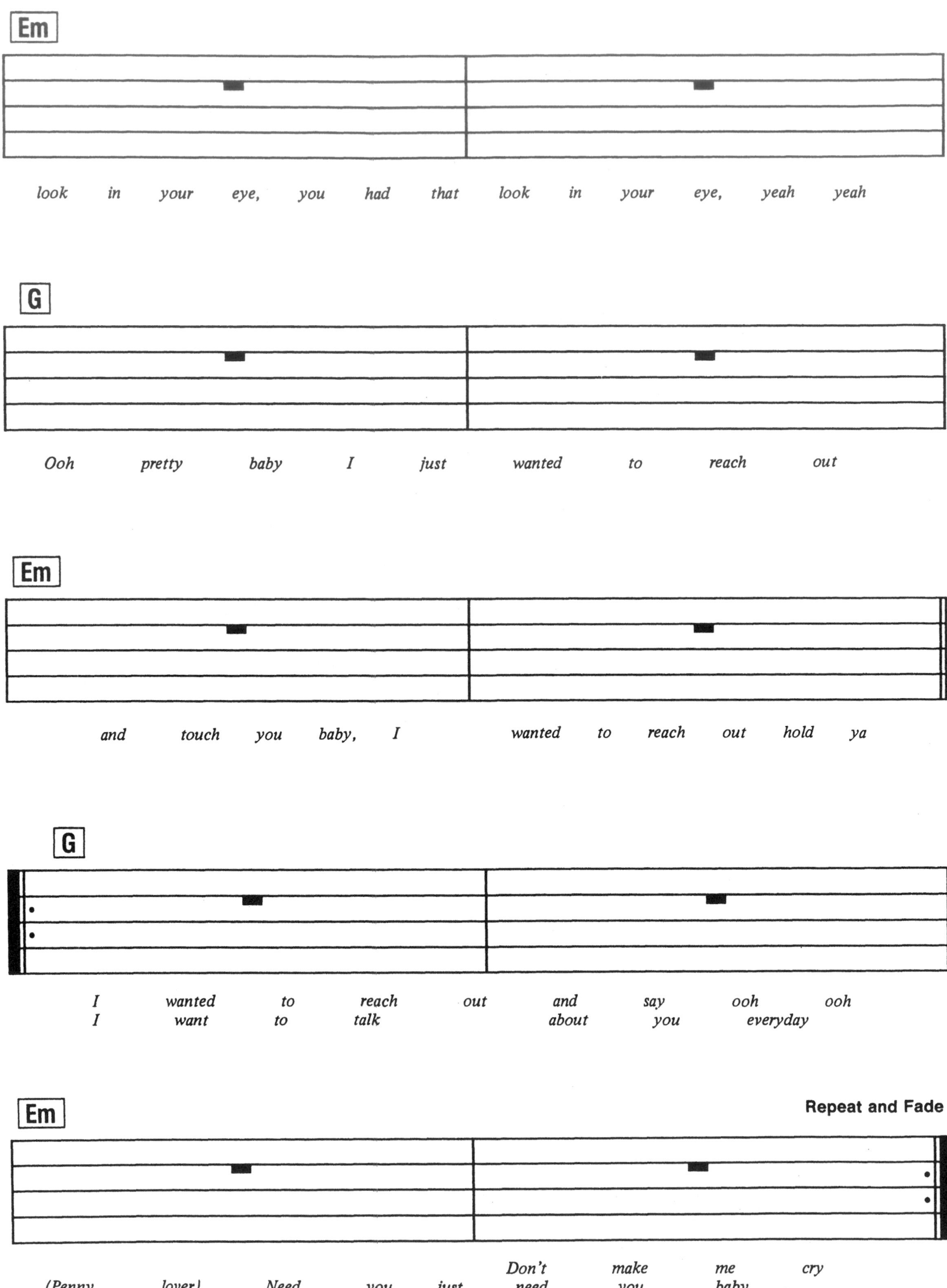
Em
look in your eye, you had that look in your eye, yeah yeah
G
Ooh pretty baby I just wanted to reach out
Em
and touch you baby, I wanted to reach out hold ya
G
I wanted to reach out and say ooh ooh
I want to talk about you everyday
Em
Repeat and Fade
Don't make me cry
(Penny lover) Need you, just need you, baby. . . . .

# Running with the Night

Registration 5
Rhythm: Rock or Jazz Rock

Words and Music by Lionel Richie
and Cynthia Weil

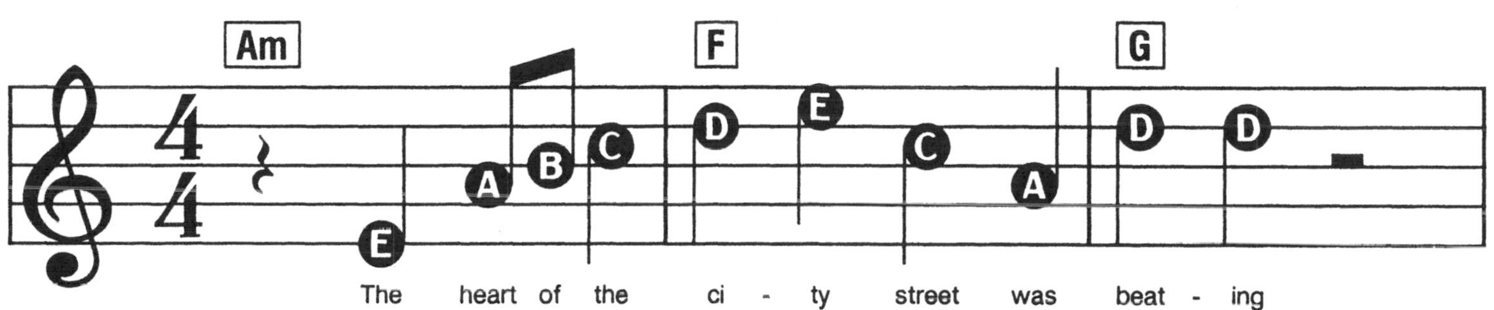


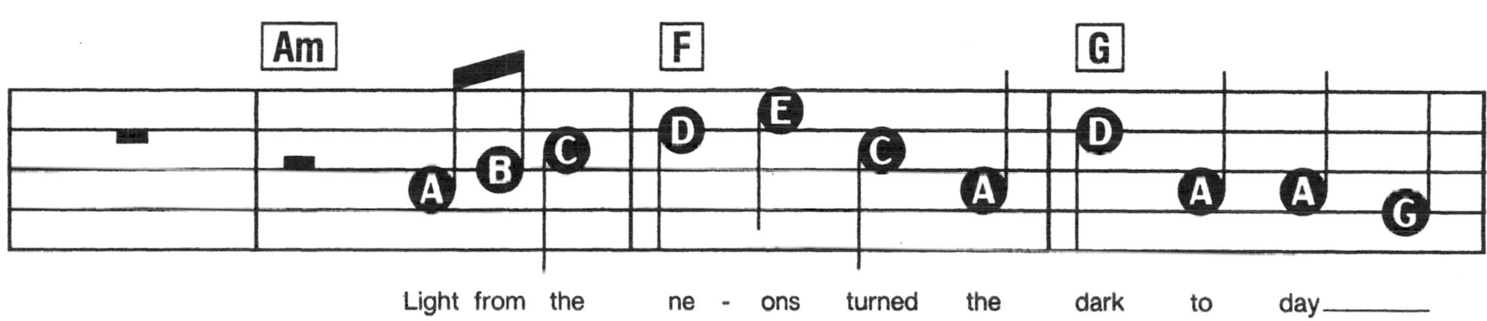


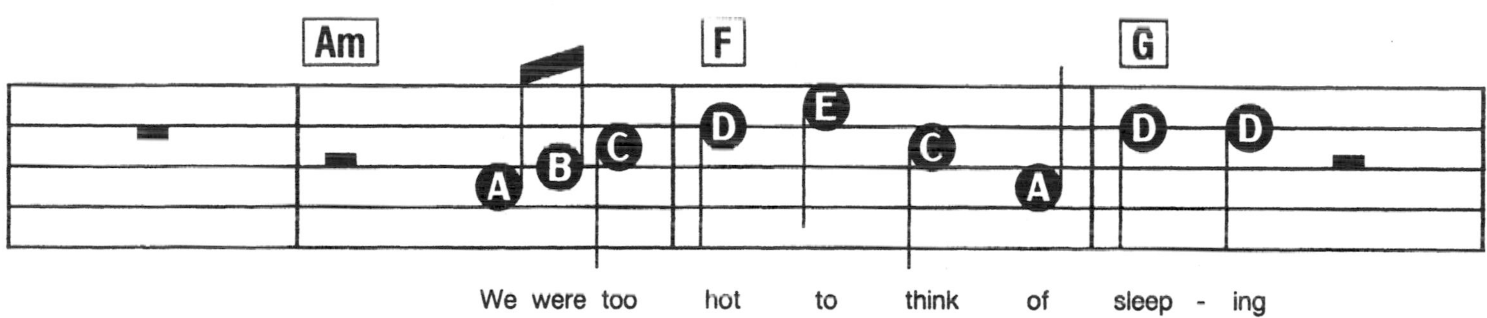


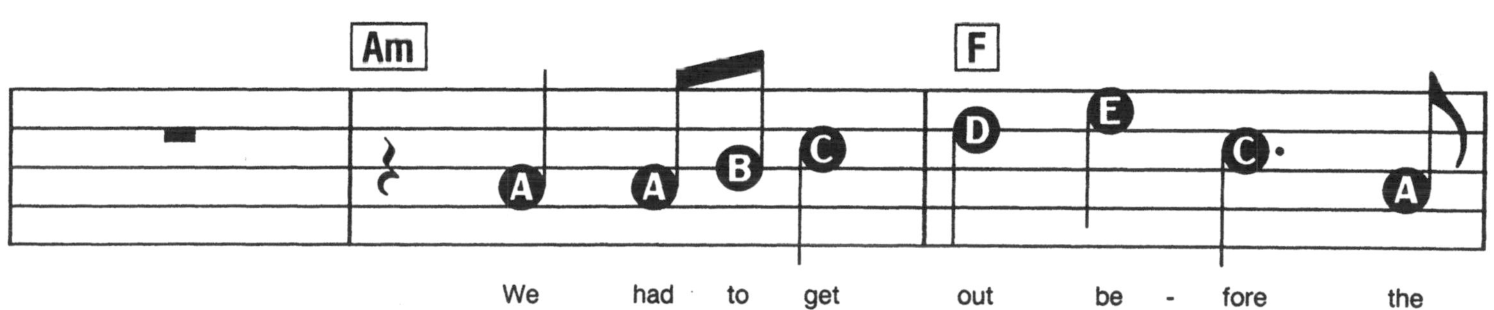

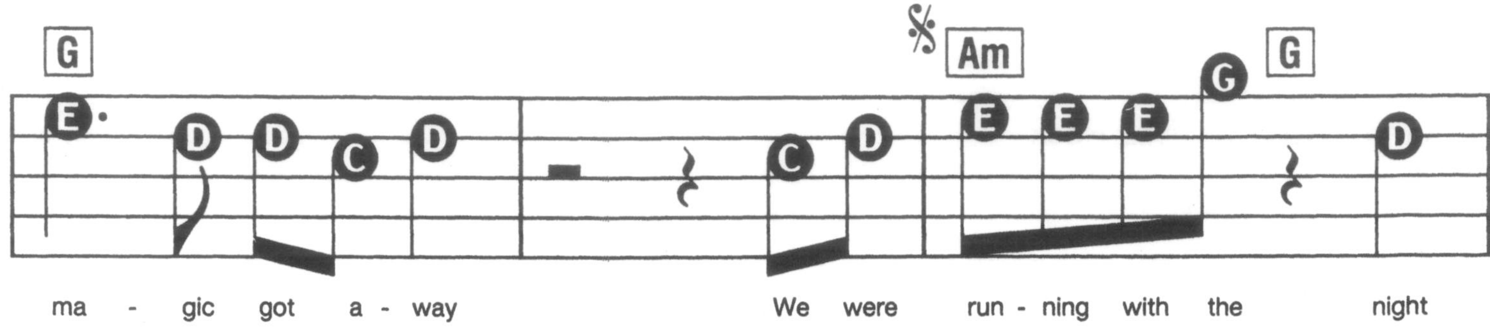
G Am G
E D D C D C D E E E G D
ma - gic got a - way We were run - ning with the night

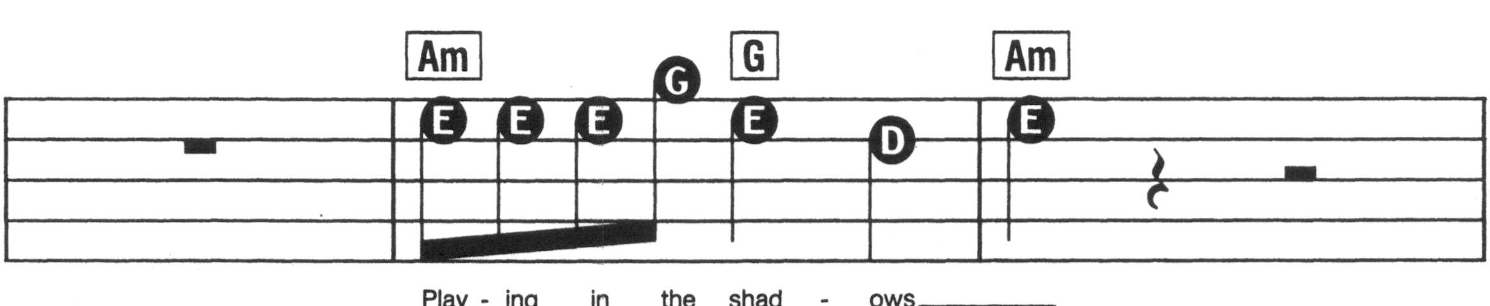
Am G Am
E E E G E D E
Play - ing in the shad - ows

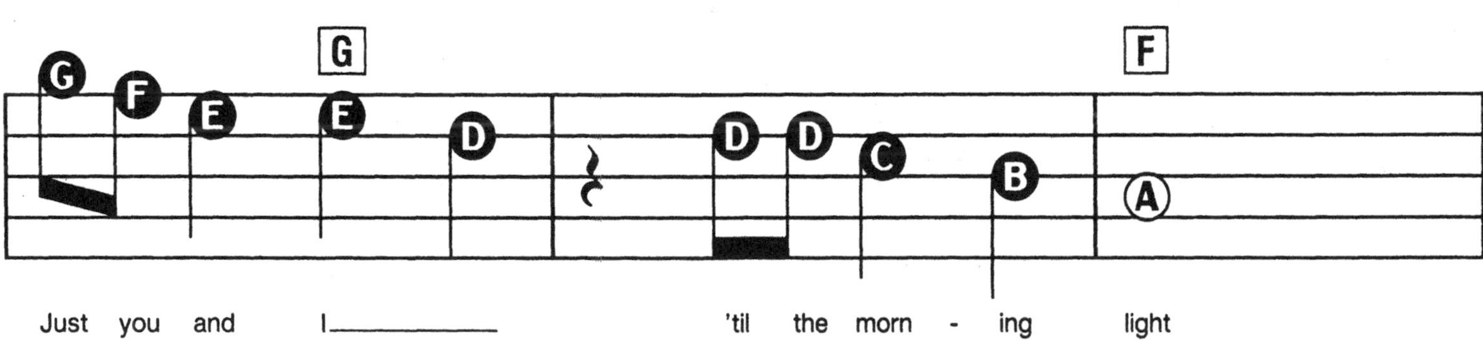
G F
G F E E D D D C B A
Just you and I 'til the morn - ing light

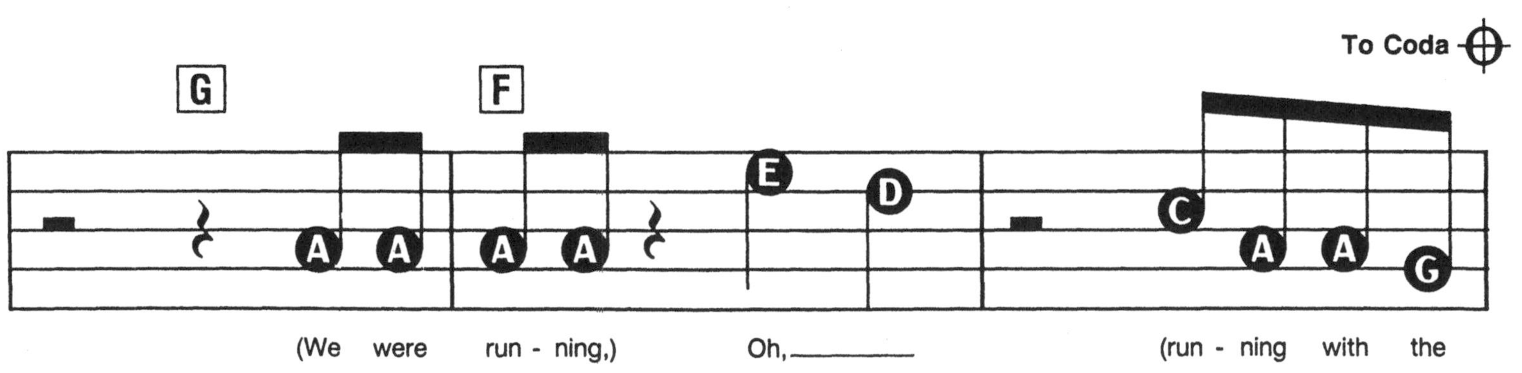
To Coda
G F
A A A A E D C A A G
(We were run - ning,) Oh, (run - ning with the

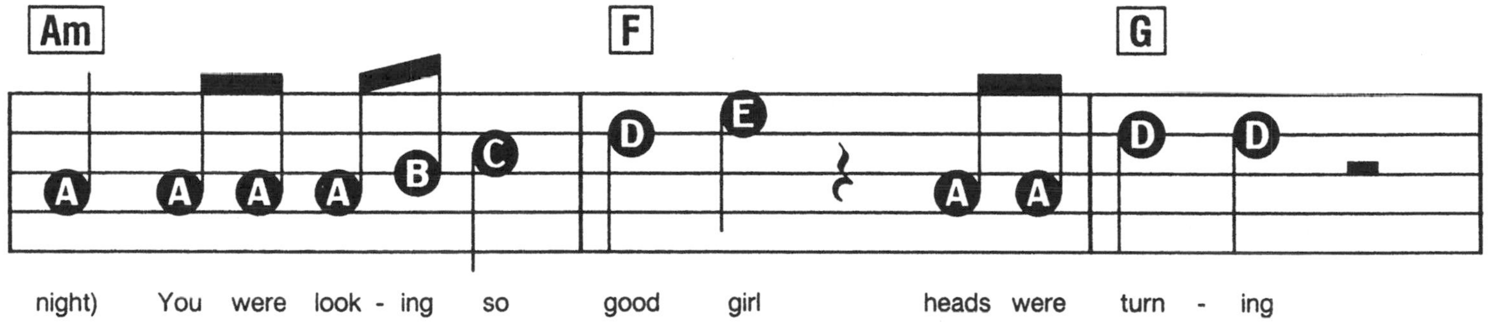
Am
F
G
A A A A B C D E A A D D
night) You were look - ing so good girl heads were turn - ing

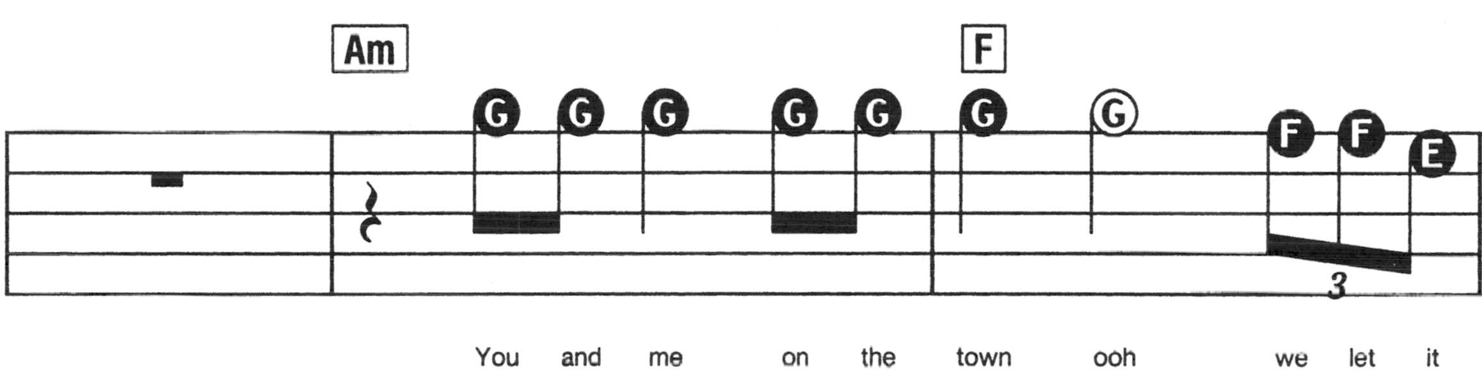
Am
F
G G G G G G G F F E
3
You and me on the town ooh we let it

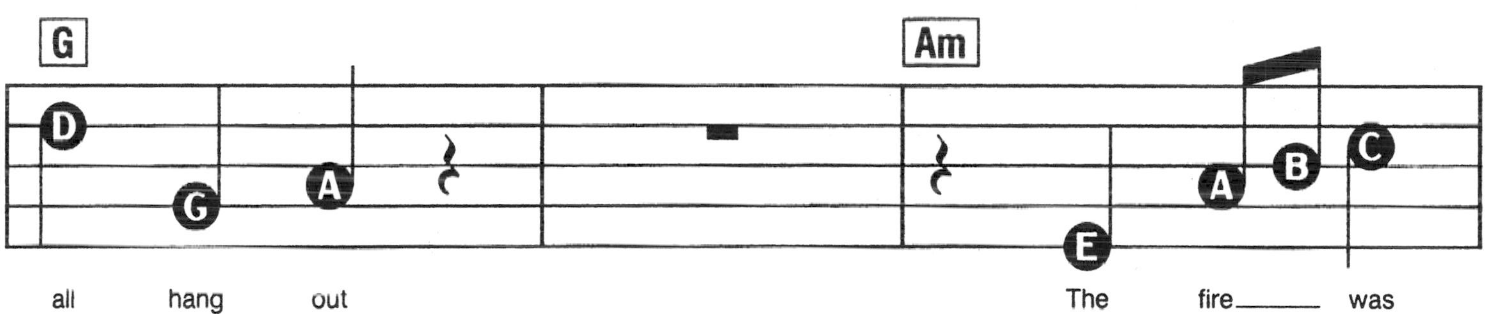
G
Am
D G A E A B C
all hang out The fire was

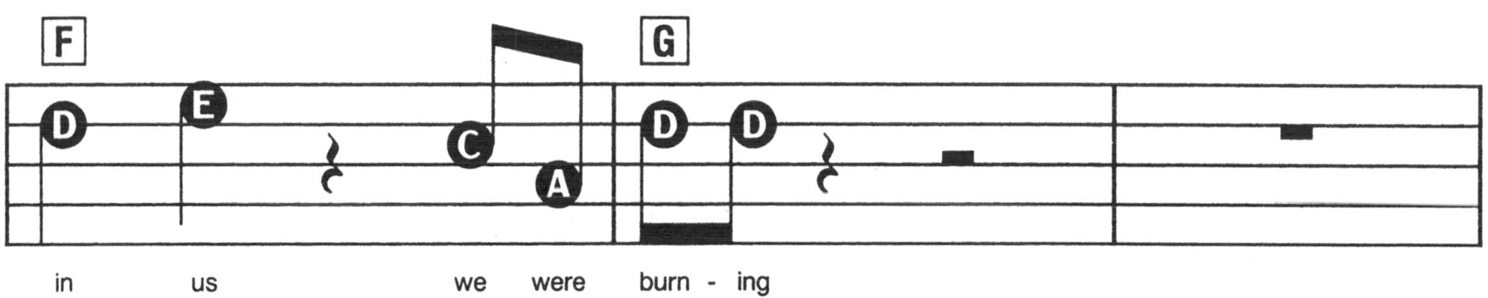
F
G
D E C A D D
in us we were burn - ing

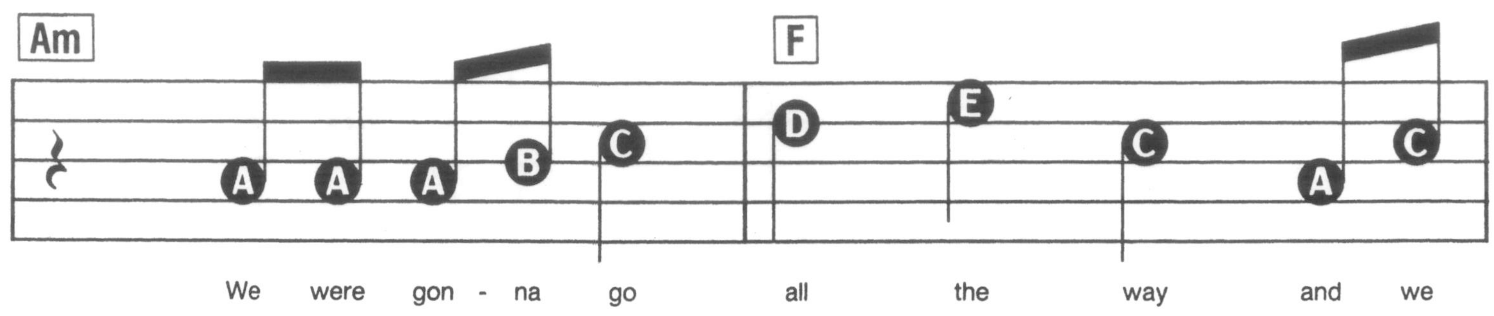
Am
F
A
A
A
B
C
D
E
C
A
C
We were gon - na go all the way and we

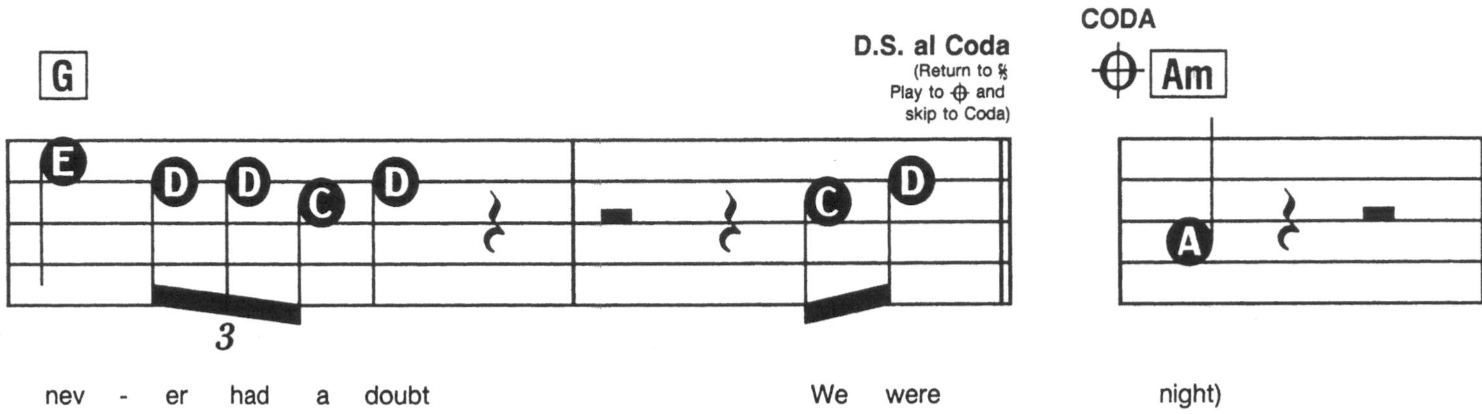
G
D.S. al Coda
(Return to 𝄋
Play to ⊕ and
skip to Coda)
CODA
Am
E
D
D
C
D
C
D
3
A
nev - er had a doubt We were night)

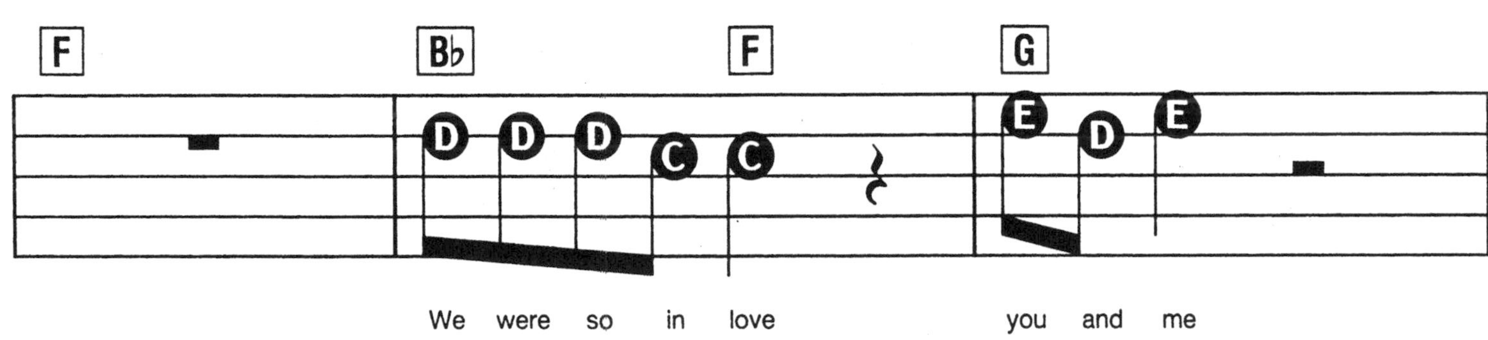
F
B♭
F
G
D
D
D
C
C
E
D
E
We were so in love you and me

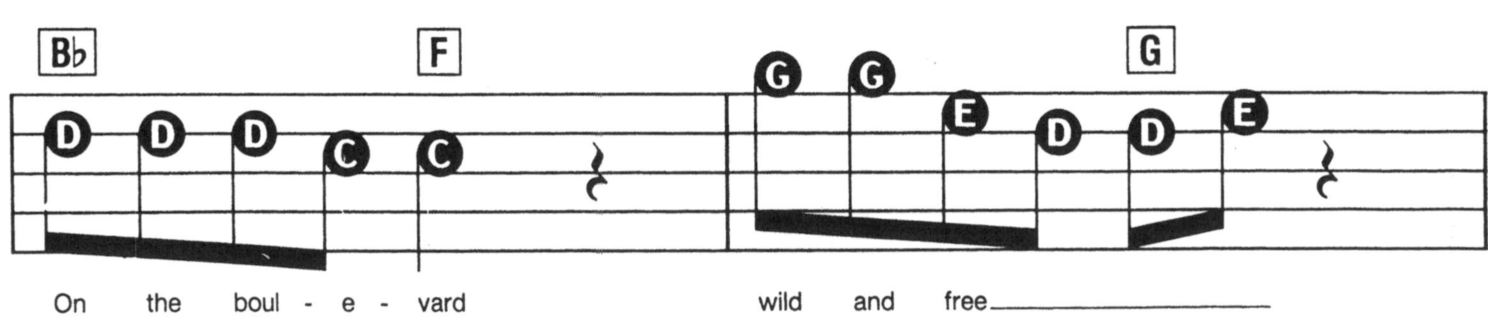
B♭
F
G
D
D
D
C
C
G
G
E
D
D
E
On the boul - e - vard wild and free

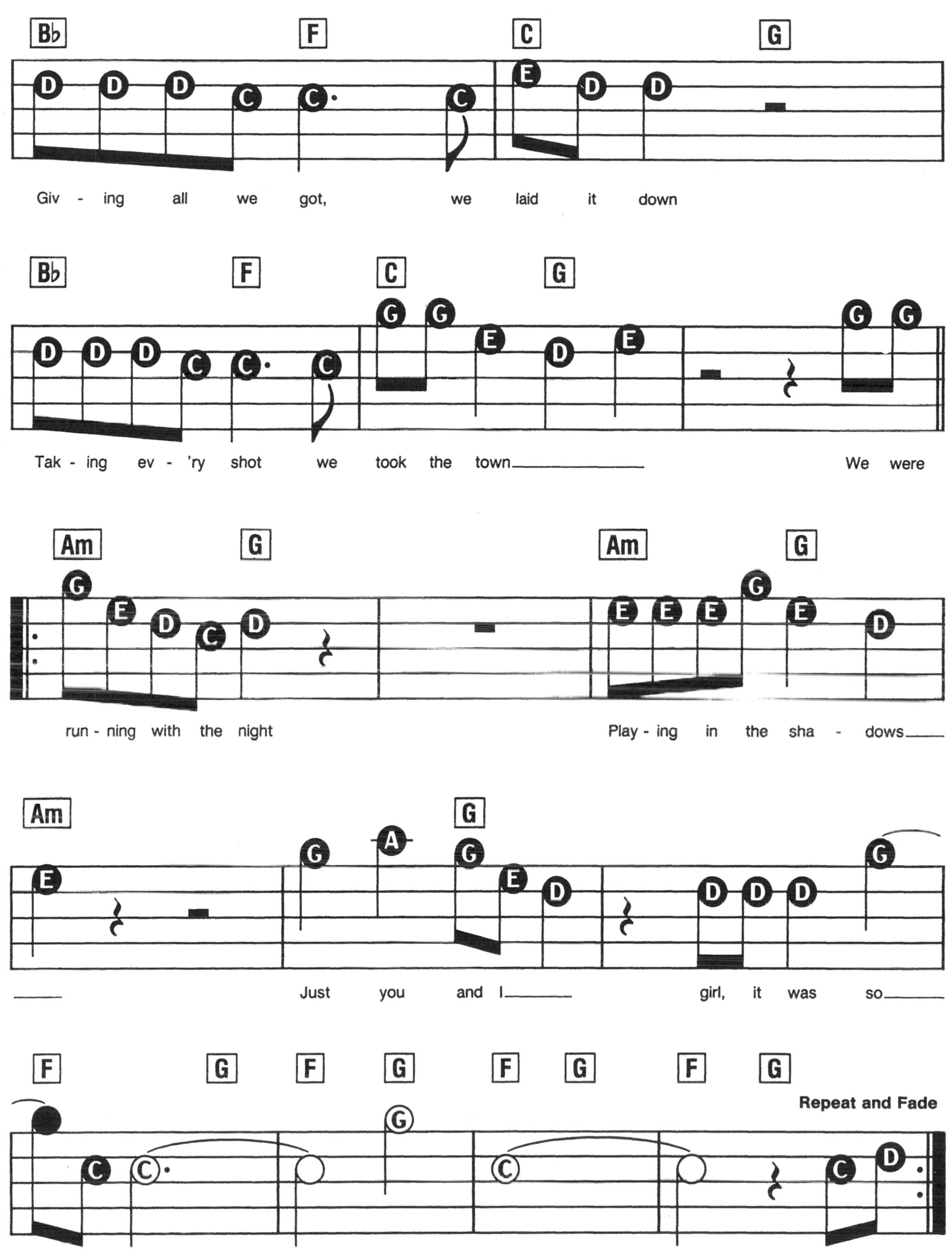
Bb F C G
Giv - ing all we got, we laid it down
Bb F C G
Tak - ing ev - 'ry shot we took the town We were
Am G Am G
run - ning with the night Play - ing in the sha - dows
Am G
Just you and I girl, it was so
F G F G F G F G
Repeat and Fade
right, so right We were

# Say You, Say Me

Registration 5
Rhythm: Rock

Words and Music by
Lionel Richie

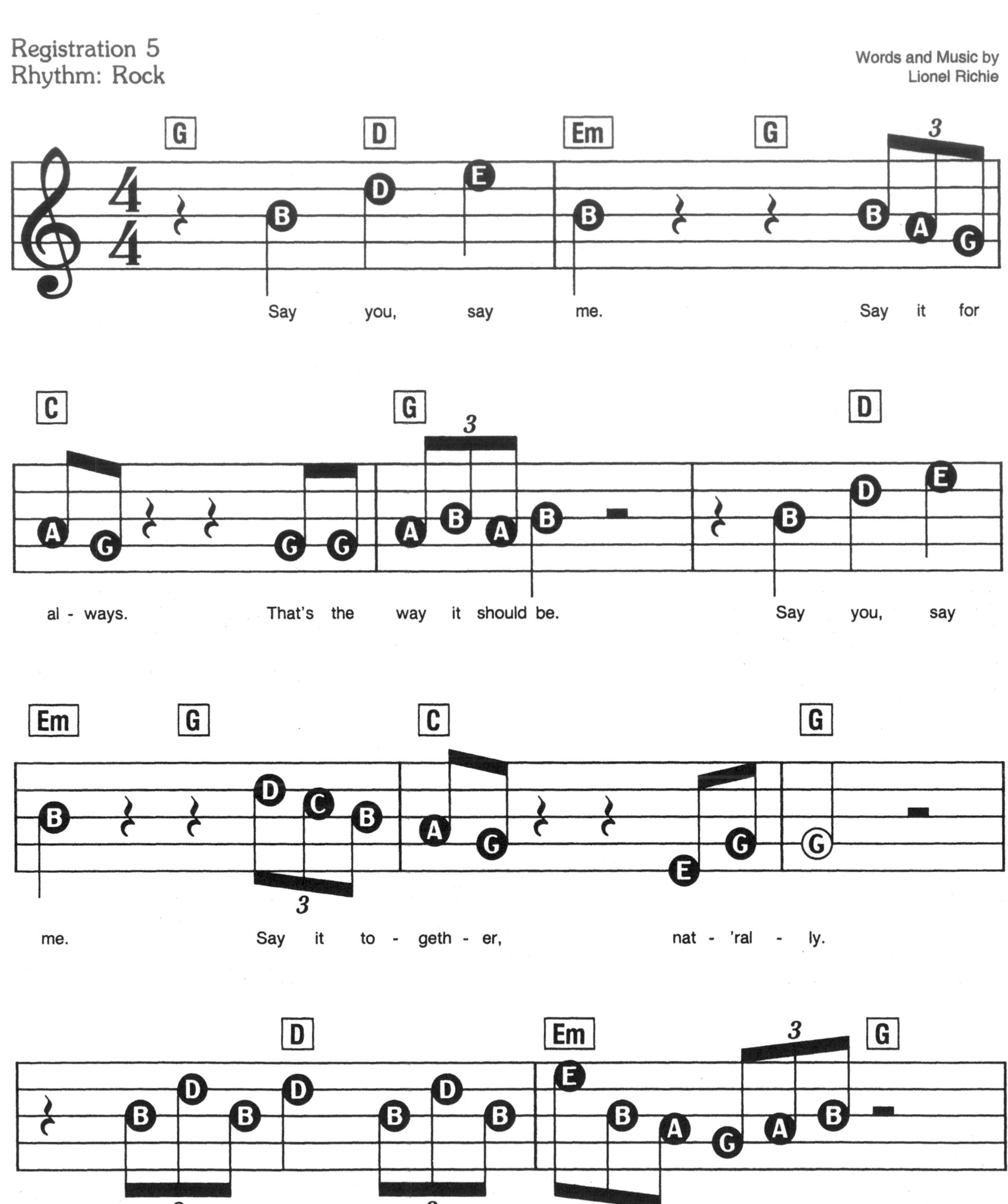

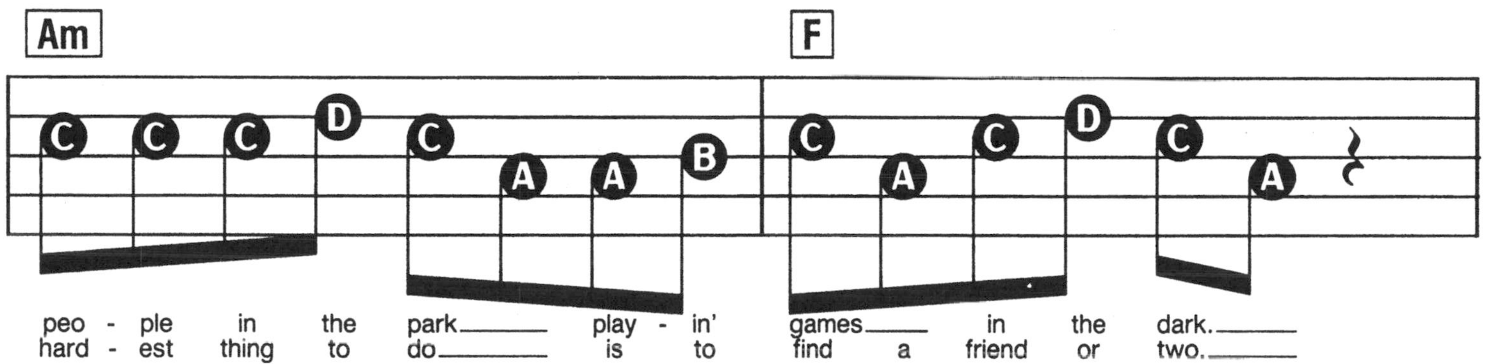
Am
F
C C C D C A A B
C A C D C A
peo - ple in the park play - in' games in the dark.
hard - est thing to do is to find a friend or two.

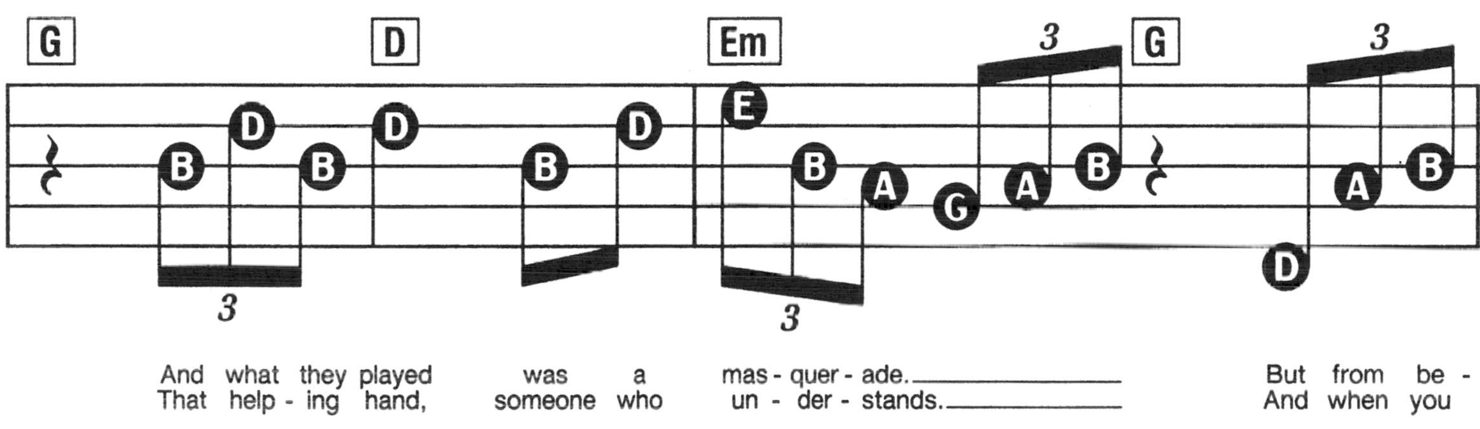
G
D
Em
G
3
B D B D B D
E B A G A B
A B D
And what they played was a mas - quer - ade. But from be -
That help - ing hand, someone who un - der - stands. And when you

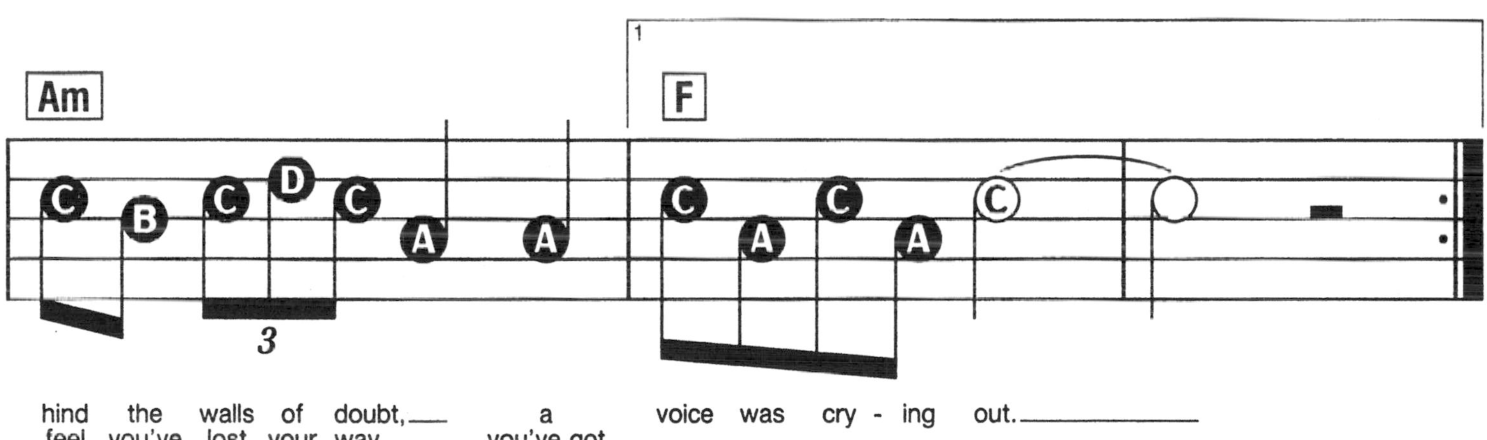
Am
1
F
C B C D C A A
C A C A C
hind the walls of doubt, a voice was cry - ing out.
feel you've lost your way, you've got

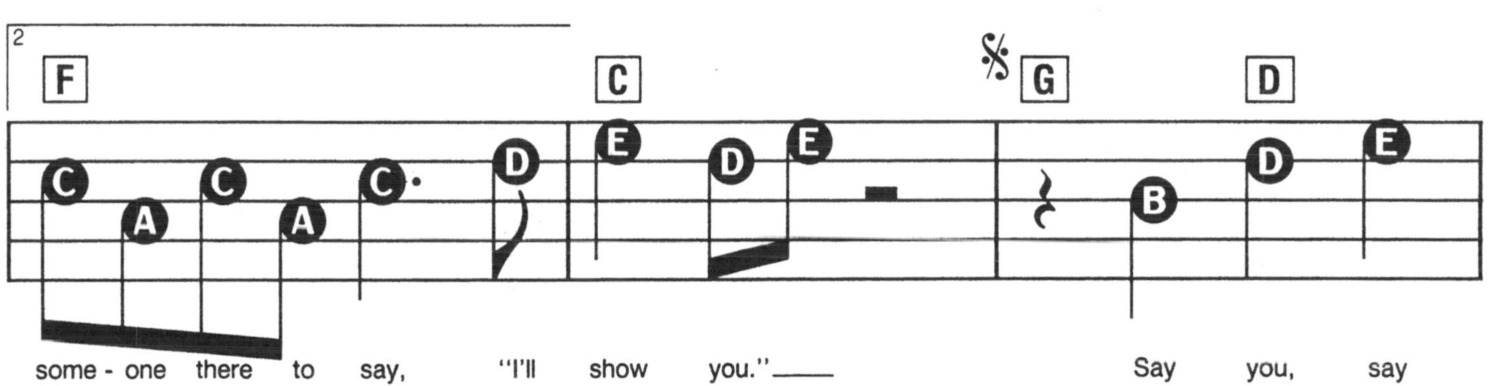
2
F
C
G
D
C A C A C D
E D E
B D E
some - one there to say, "I'll show you."
Say you, say

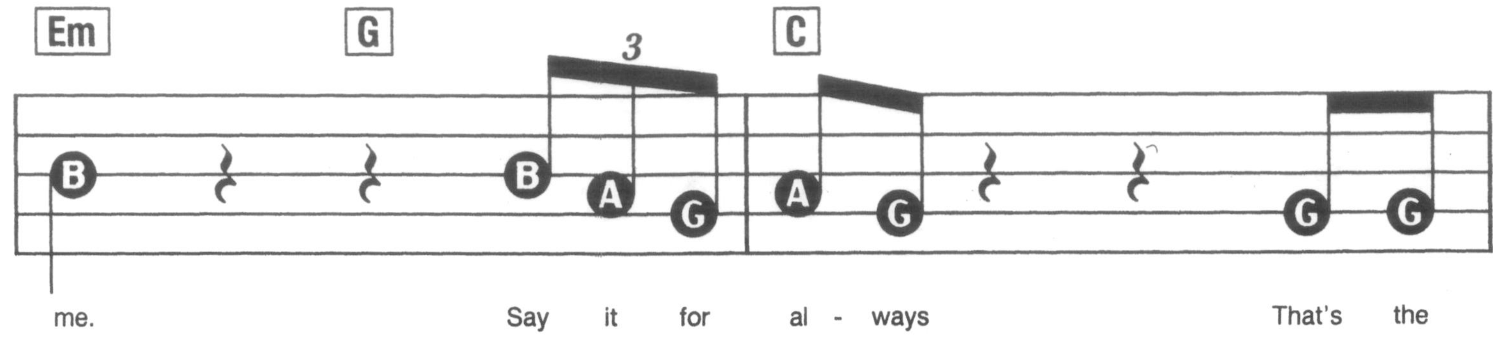
Em
G
3
C
B
B
A
G
A
G
G
G
me.
Say it for al - ways
That's the

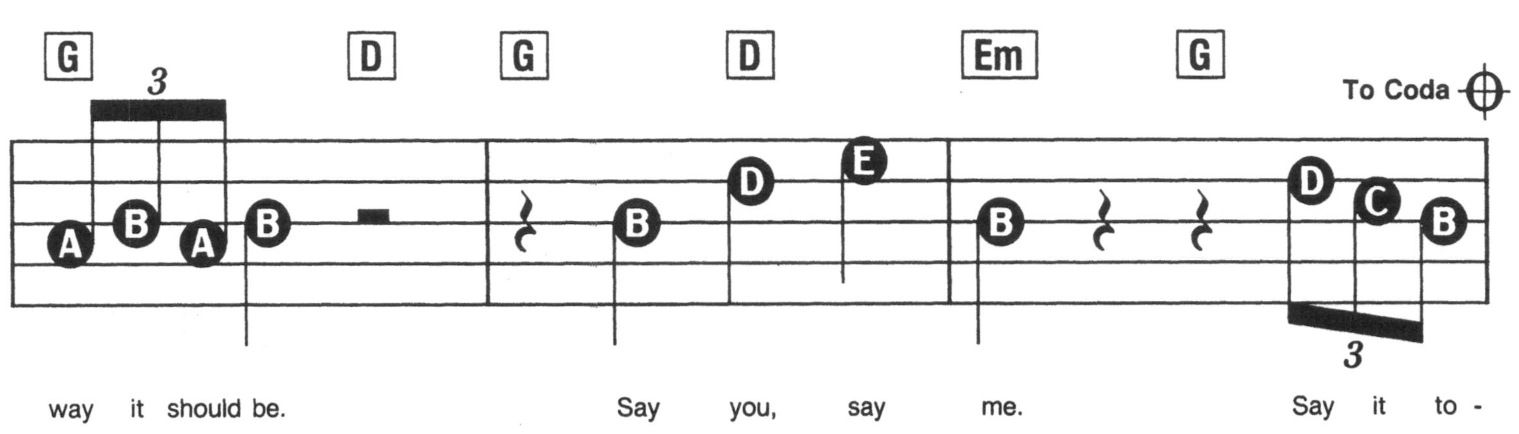
G
D
G
D
Em
G
3
To Coda
A
B
A
B
B
D
E
B
D
C
B
3
way it should be.
Say you, say
me.
Say it to -

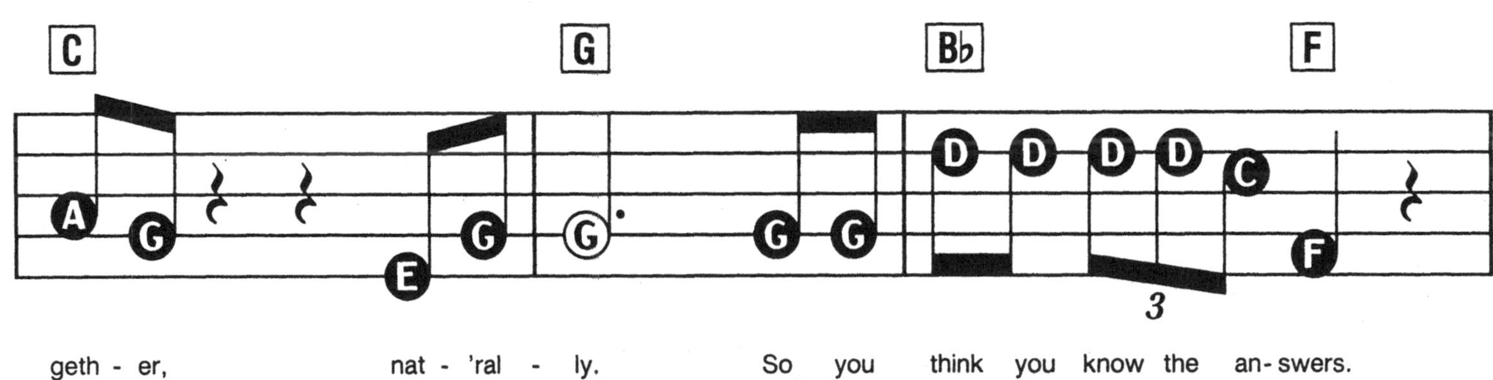
C
G
B♭
F
A
G
E
G
G
G
G
D
D
D
D
C
F
3
geth - er,
nat - 'ral - ly.
So you think you know the an- swers.

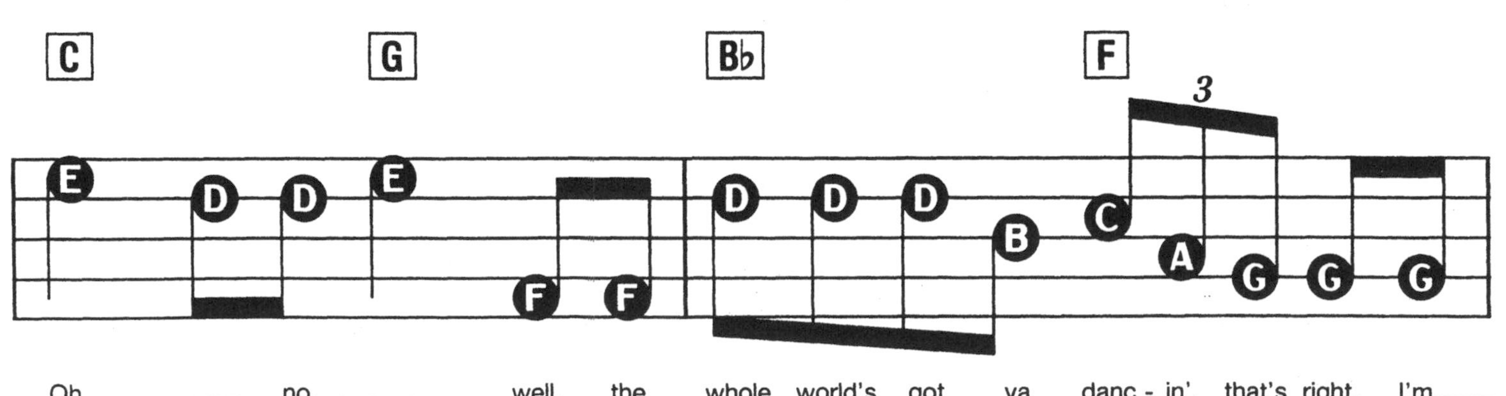
C
G
B♭
F
3
E
D
D
E
F
F
D
D
D
B
C
A
G
G
G
Oh,
no.
well, the
whole world's got ya danc - in', that's right, I'm

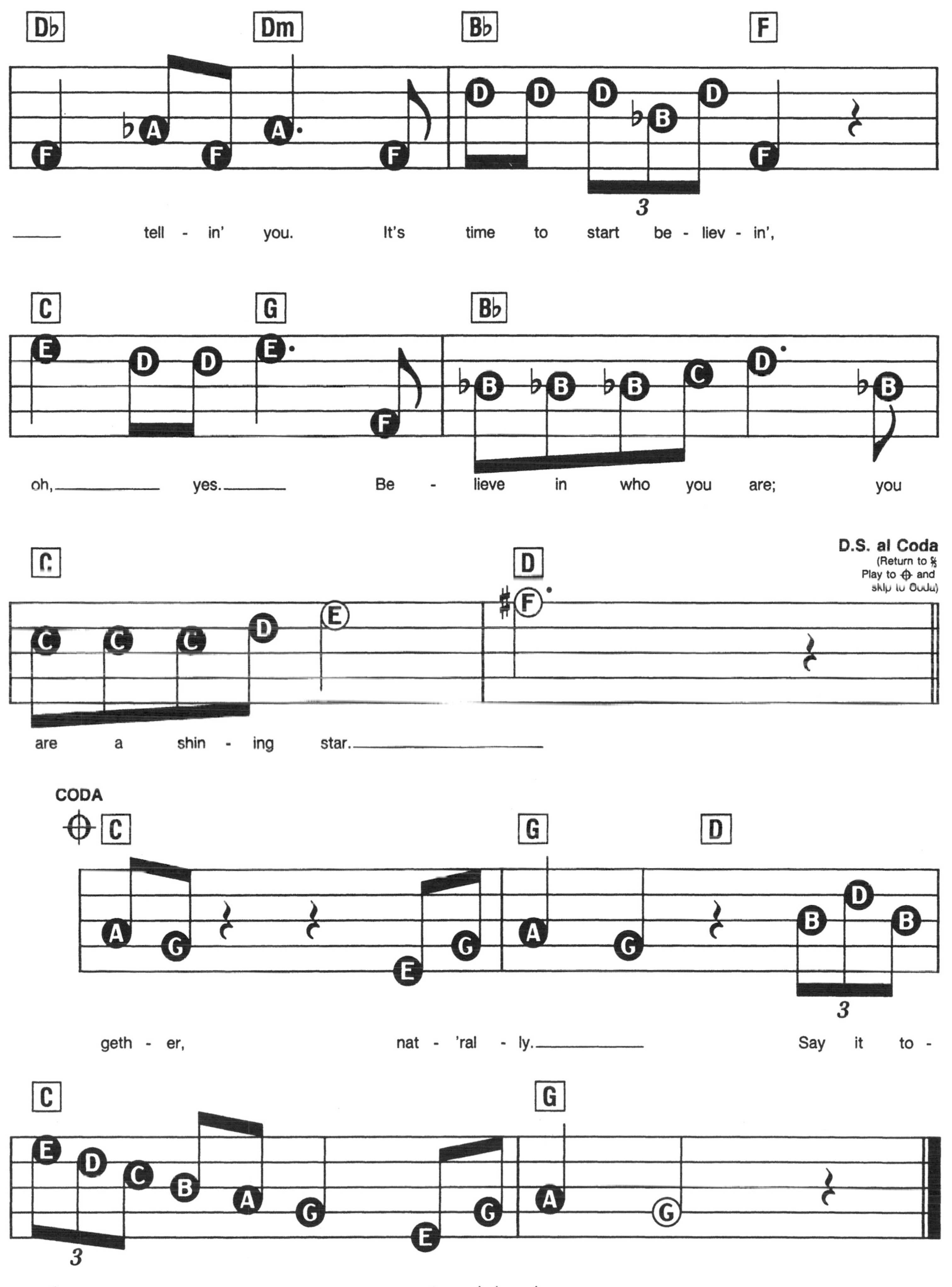

Db
Dm
Bb
F
F A F A F D D D B D F
tell - in' you. It's time to start be - liev - in',
C
G
Bb
E D D E F B B B C D B
oh, yes. Be - lieve in who you are; you
C
D
D.S. al Coda
(Return to 𝄋
Play to ⊕ and
skip to Coda)
C C C D E F
are a shin - ing star.
CODA
C
G
D
A G E G A G B D B
geth - er, nat - 'ral - ly. Say it to -
C
G
E D C B A G E G A G
geth - er nat - 'ral - ly.

# Sela

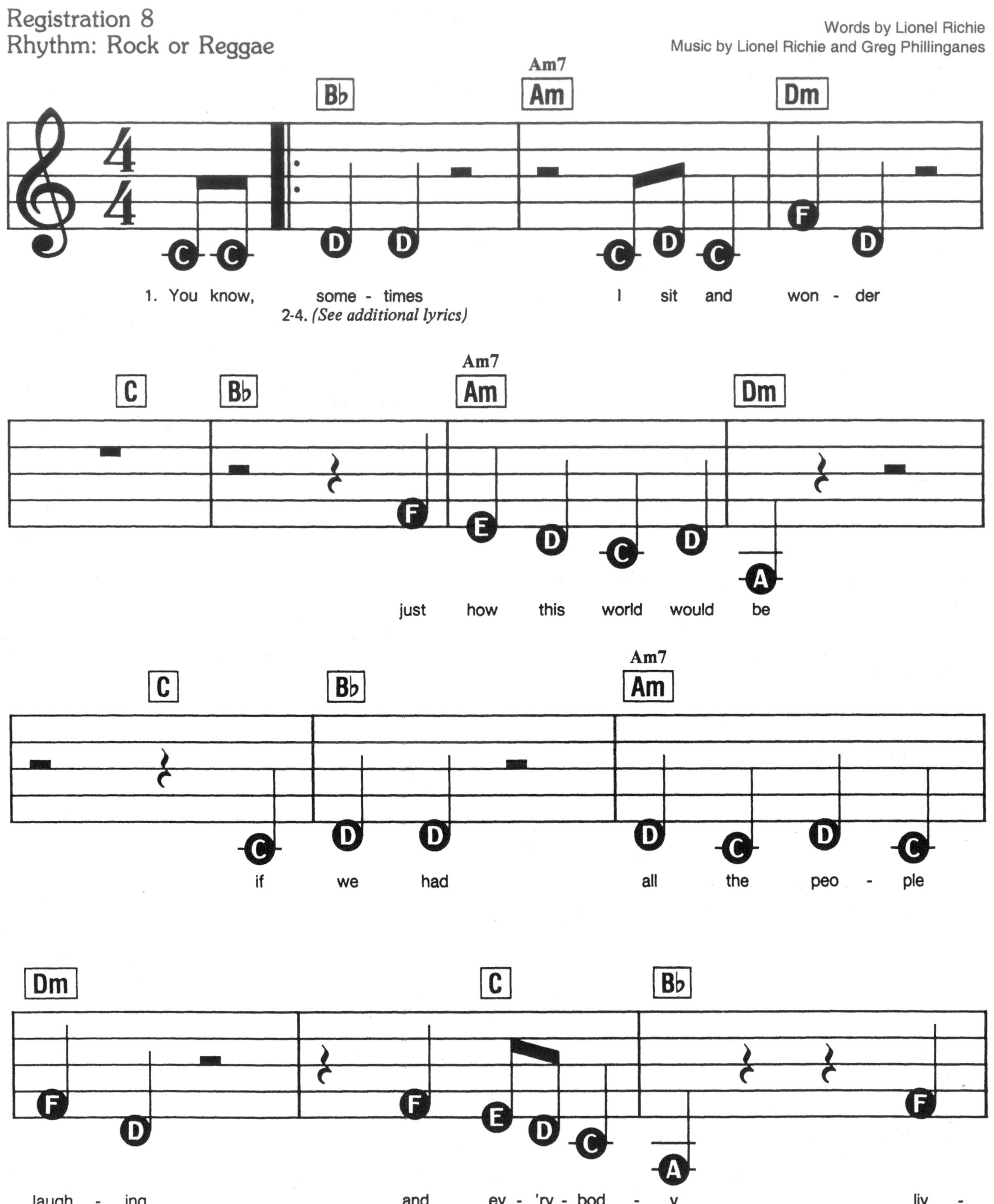
Registration 8
Rhythm: Rock or Reggae
Words by Lionel Richie
Music by Lionel Richie and Greg Phillinganes
Bb
Am7
Am
Dm
1. You know, some - times I sit and won - der
2-4. (See additional lyrics)
C
Bb
Am7
Am
Dm
just how this world would be
C
Bb
Am7
Am
if we had all the peo - ple
Dm
C
Bb
laugh - ing and ev - 'ry - bod - y liv -

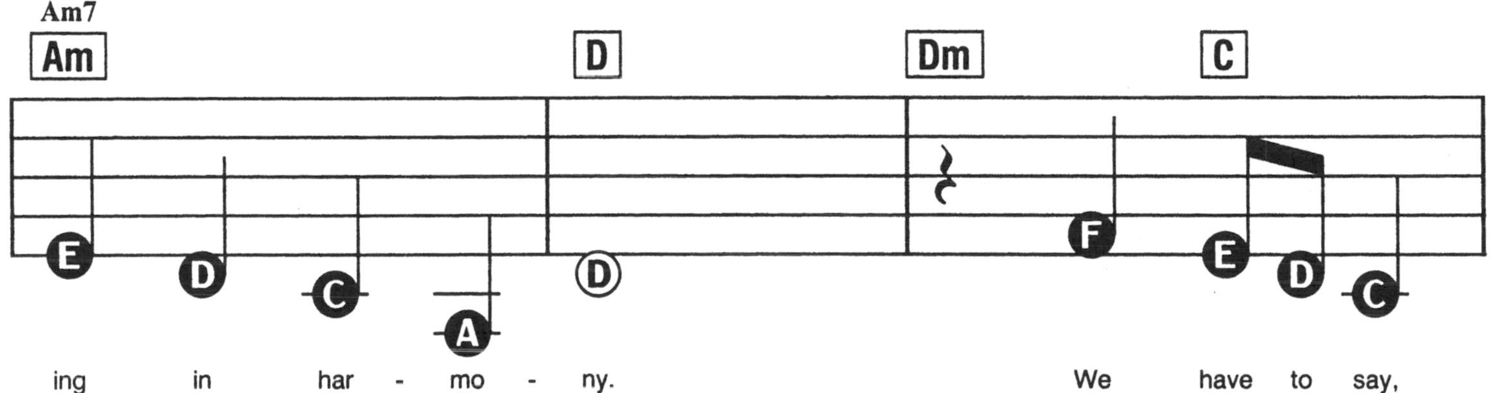
Am7
Am
D
Dm
C
E D C A D F E D C
ing in har - mo - ny. We have to say,

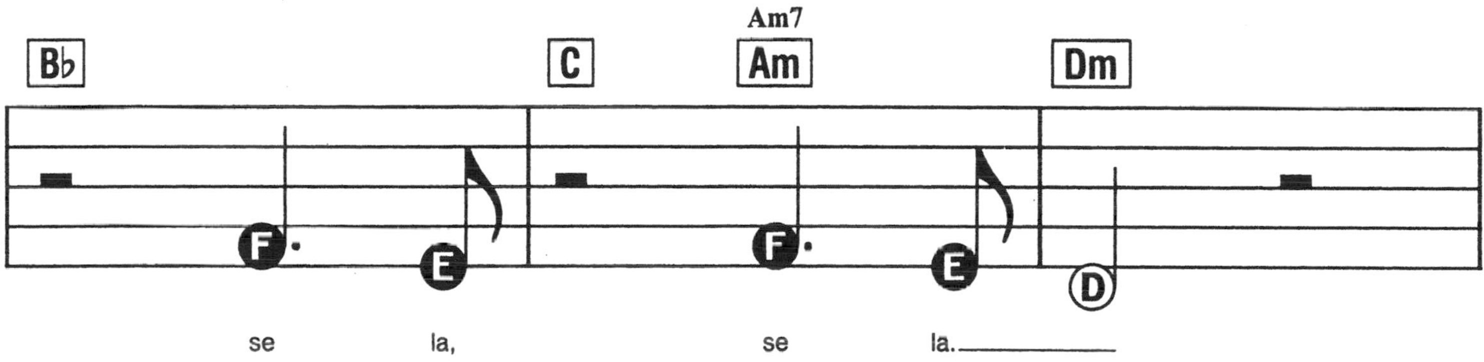
B♭
C
Am7
Am
Dm
F E F E D
se la, se la.

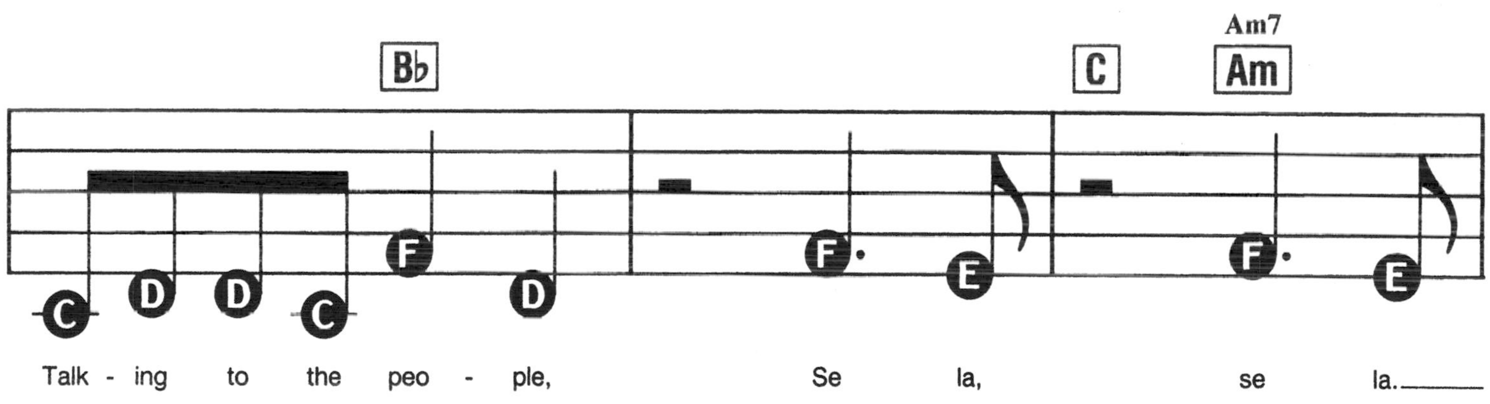
B♭
C
Am7
Am
C D D C F D F E F E
Talk - ing to the peo - ple, Se la, se la.

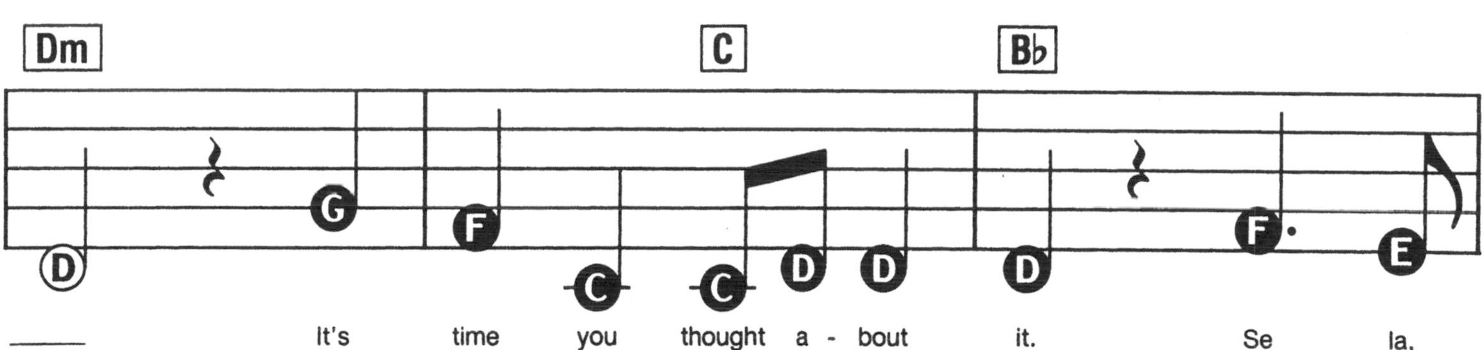
Dm
C
B♭
D G F C C D D D F E
It's time you thought a - bout it. Se la,

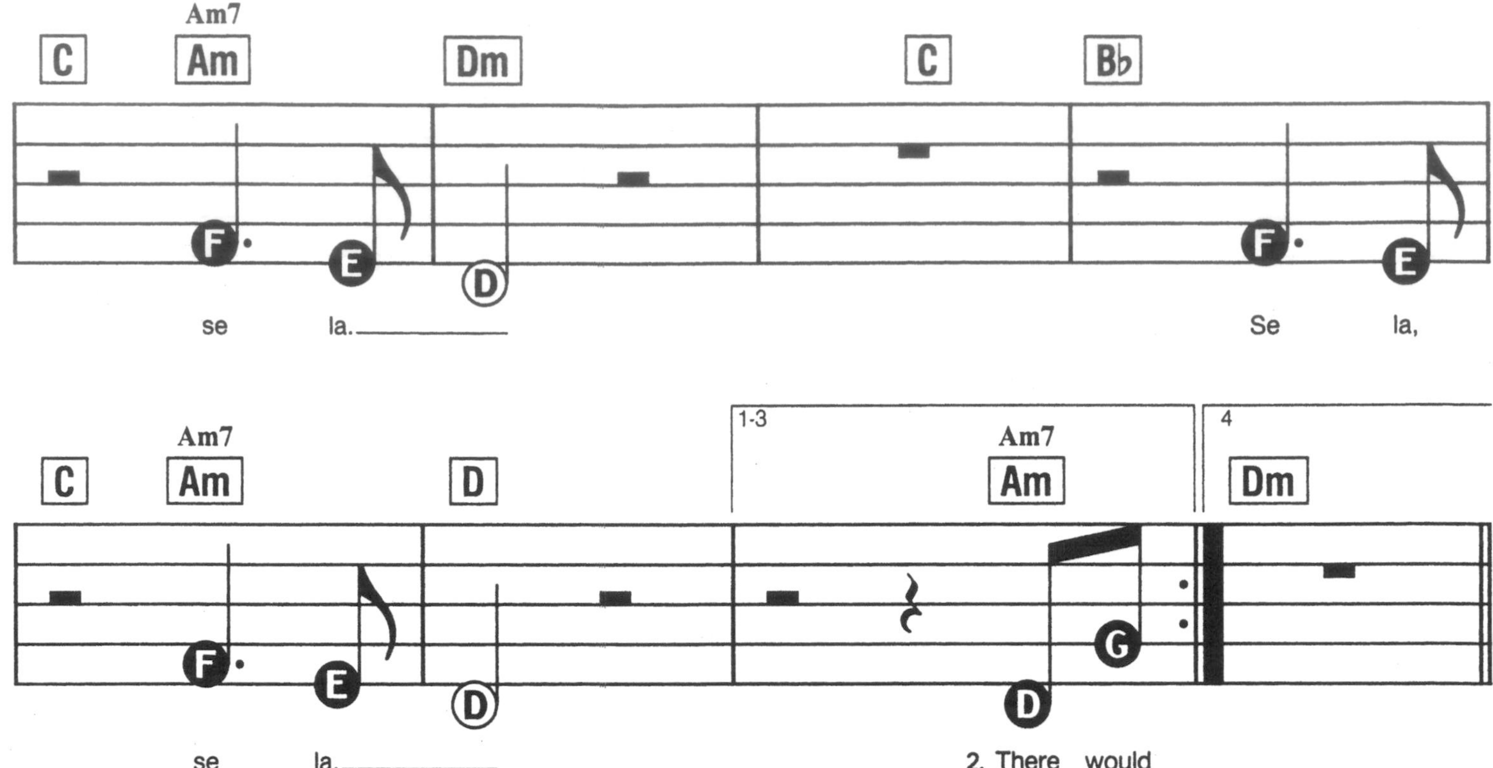


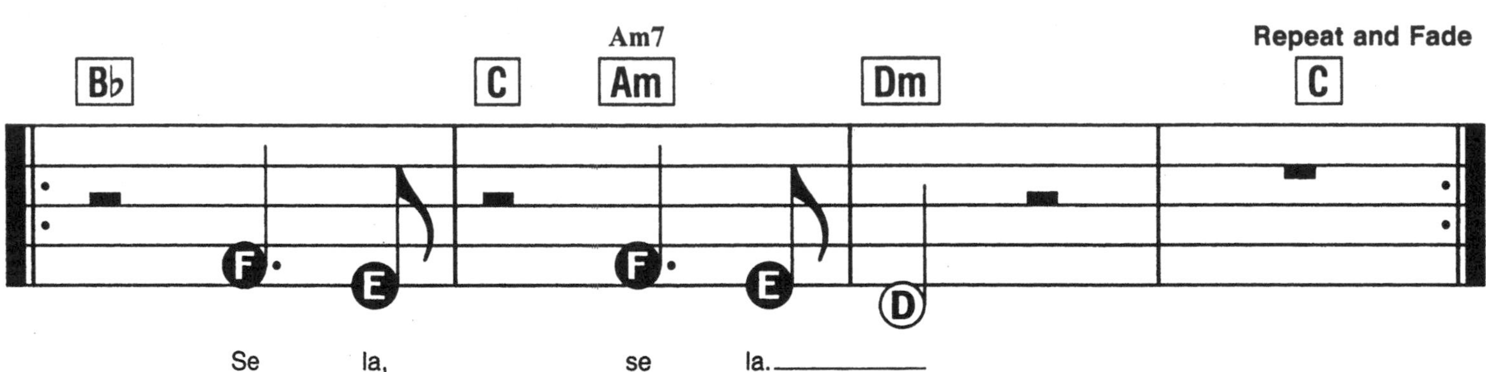


Additional Lyrics

2. There would be no more living in desperation,
And no more hatred and deceit.
Tell me, can you imagine all the children playing
And everyone dancing in the street?

We se la, se la, se la. Do it, say it.
Se la, se la. Talking to everybody, yeah.
Se la, se la. You know what it's all about.
Se la, se la. You play for the people.

3. It's time, you know, for everyone to come together.
I know it's hard but this dream must come to light,
Because life should be one big celebration.
I'm talkin' to you now. Only we can make things right.

We se la, se la, se la. Do it on the good foot,
Se la, se la.
Se la, se la. Talk about it, sing about it.
Se la, se la.

4. All the children, tell me about the children.
We've got to help them now to survive.
One world, one heart, is our salvation.
Let us keep the dream alive.

We se la, se la, se la. Don't hold back no longer.
Se la, se la. Can't you see it, just believe it?
Se la, se la. Talkin' to you now.
Se la, se la. Talkin' to you now.

# Stuck on You

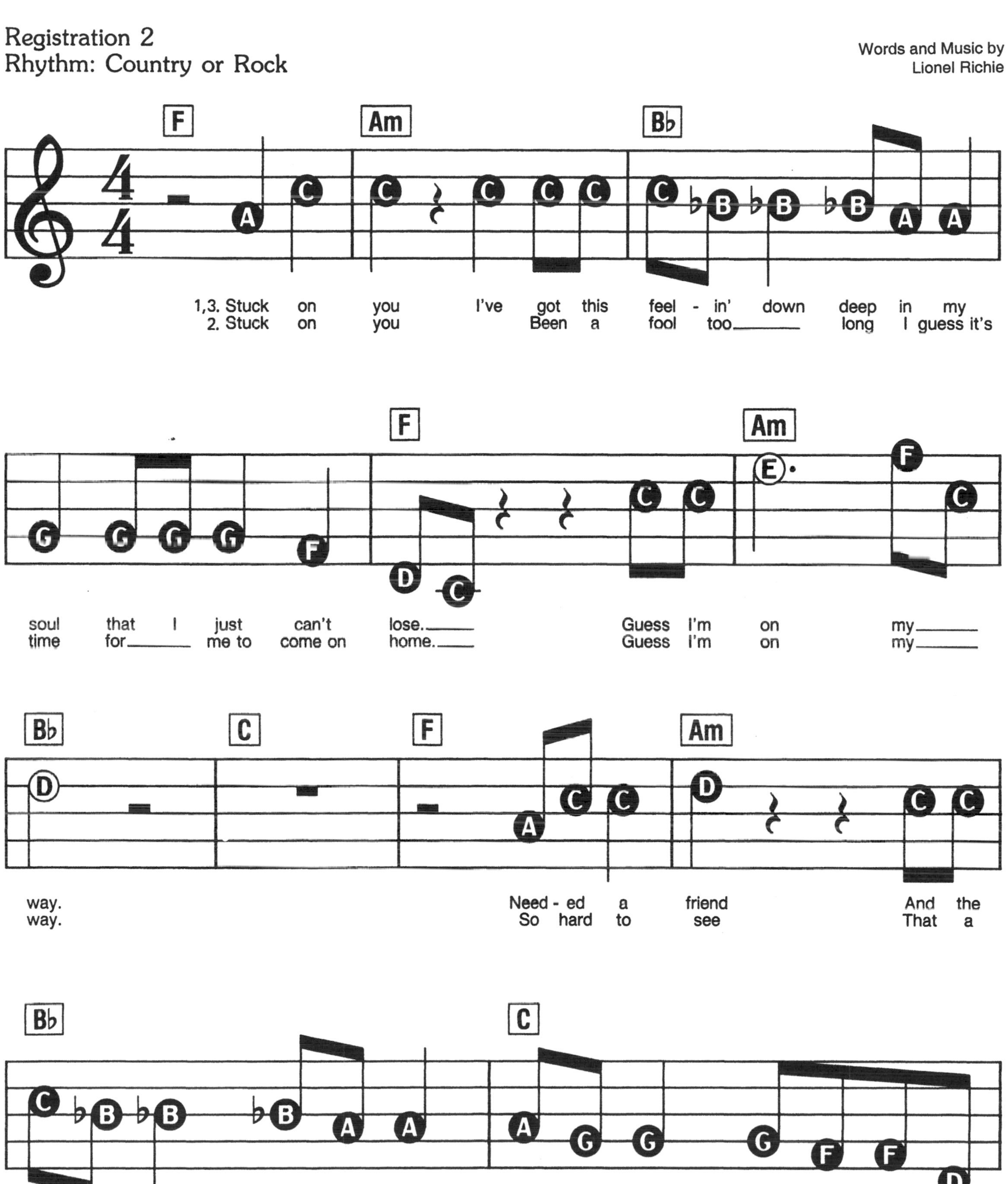
Registration 2
Rhythm: Country or Rock
Words and Music by
Lionel Richie
F Am B♭
1,3. Stuck on you I've got this feel - in' down deep in my
2. Stuck on you Been a fool too long I guess it's
F Am
soul that I just can't lose. Guess I'm on my
time for me to come on home. Guess I'm on my
B♭ C F Am
way. Need - ed a friend And the
way. So hard to see That a
B♭ C
way I feel now I guess I'll be with you till the end
wom - an like you could wait a - round for a man like me

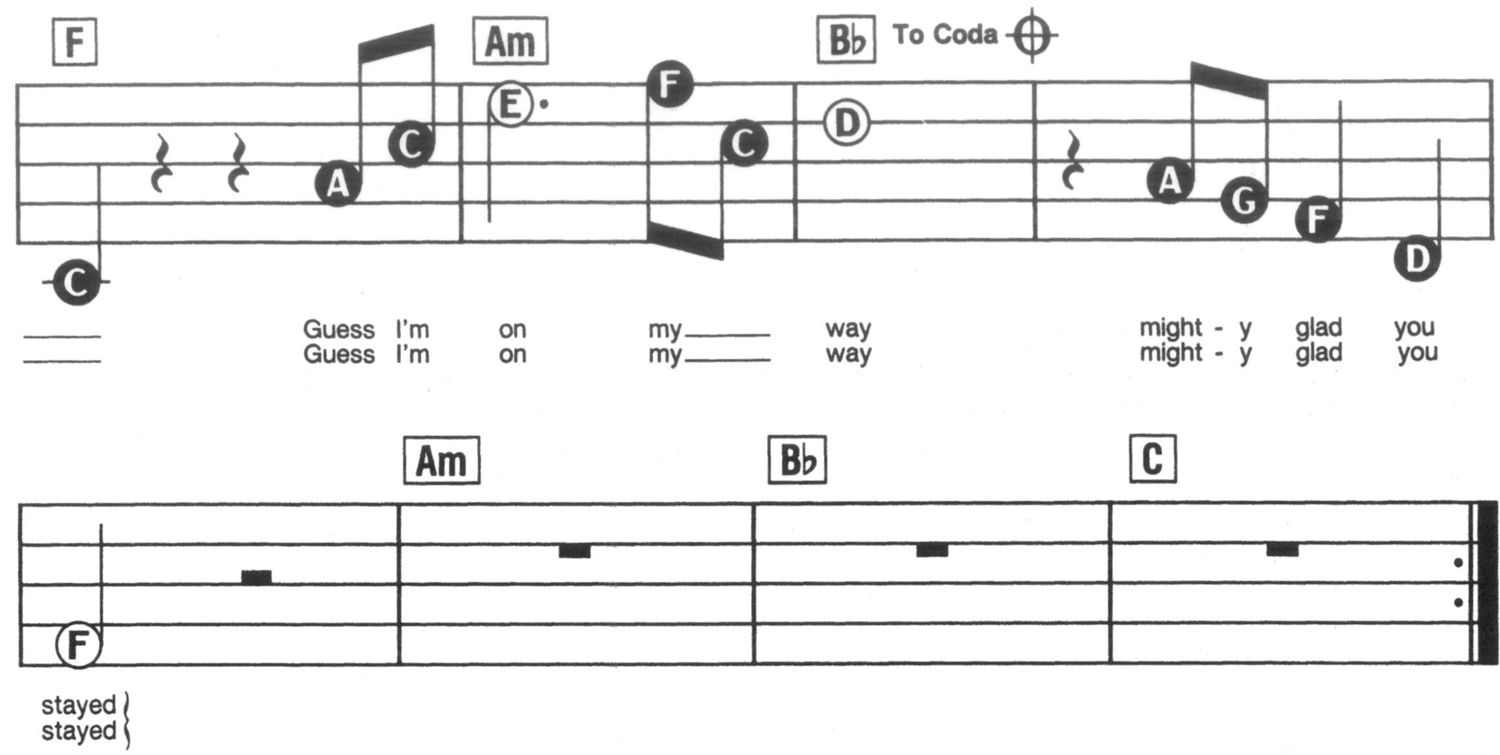
F
Am
Bb
To Coda
C
A
C
E
F
C
D
A
G
F
D
Guess I'm on my way might - y glad you
Guess I'm on my way might - y glad you

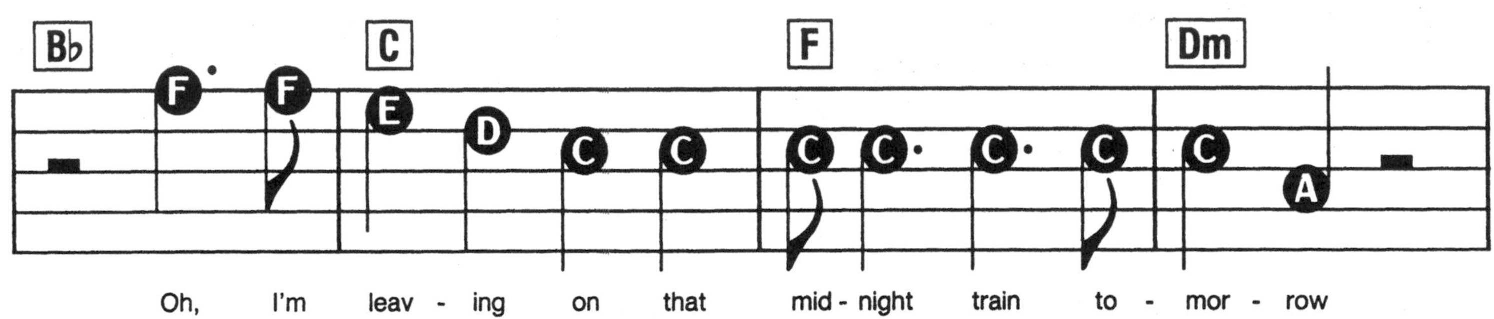
Am
Bb
C
F
stayed
stayed

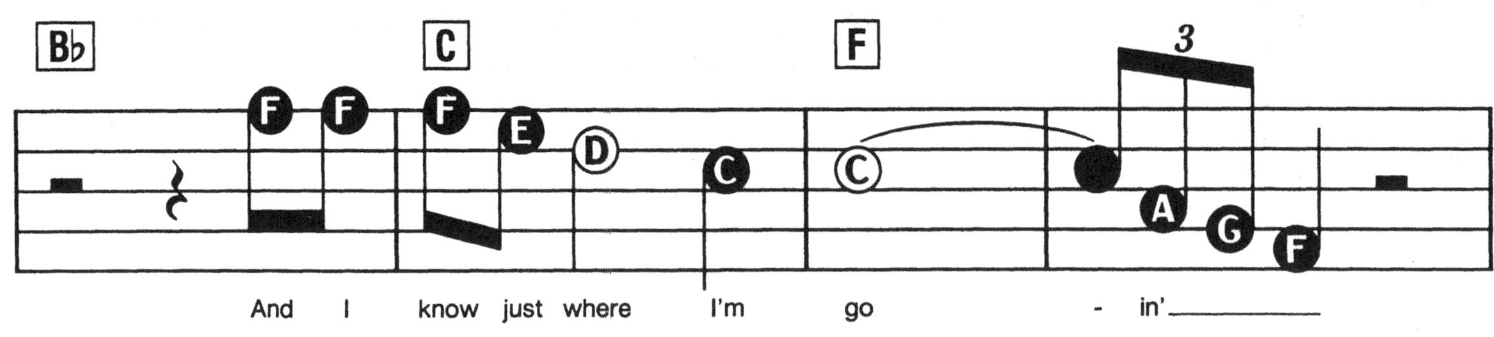
Bb
C
F
Dm
F
F
E
D
C
C
C
C
C
C
C
A
Oh, I'm leav - ing on that mid - night train to - mor - row

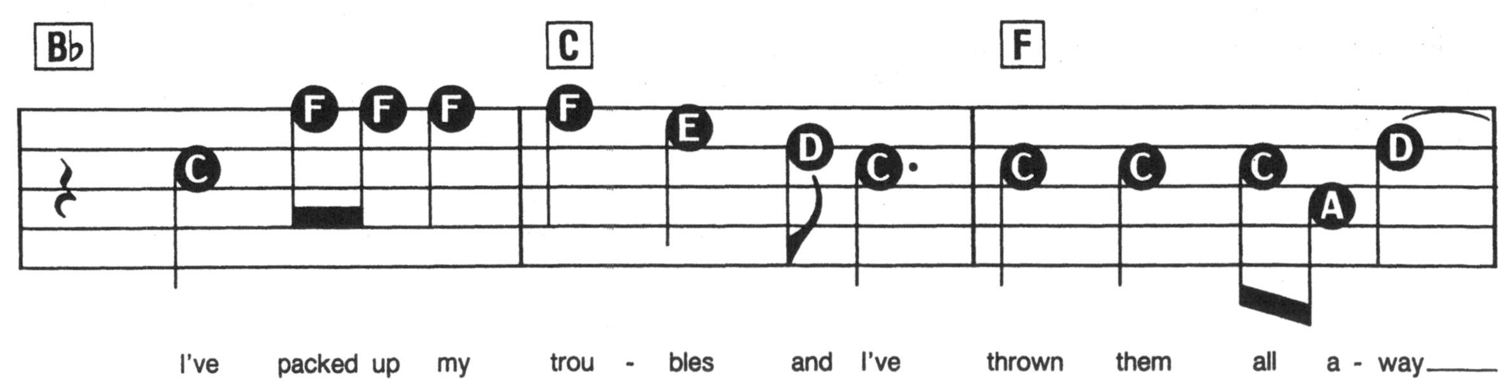
Bb
C
F
3
F
F
F
E
D
C
C
A
G
F
And I know just where I'm go - in'
Bb
C
F
C
F
F
F
F
E
D
C
C
C
C
A
D
I've packed up my trou - bles and I've thrown them all a - way

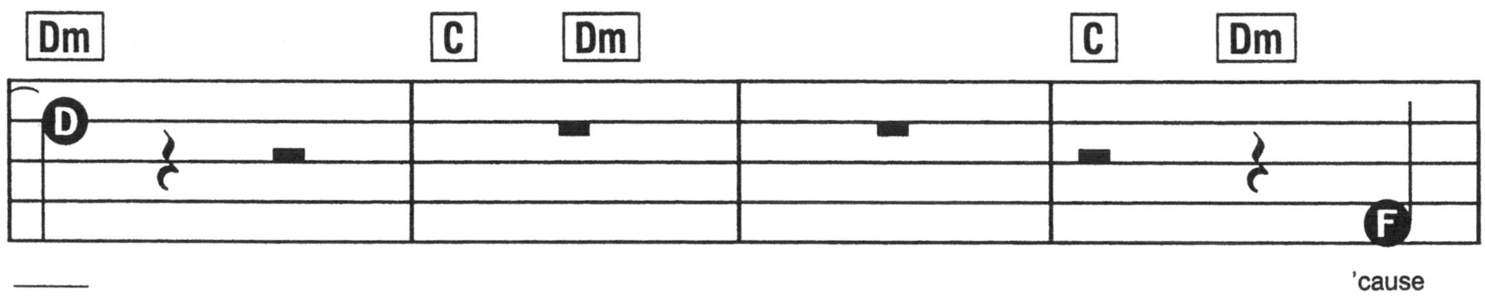
Dm
C
Dm
C
Dm
D
F
'cause

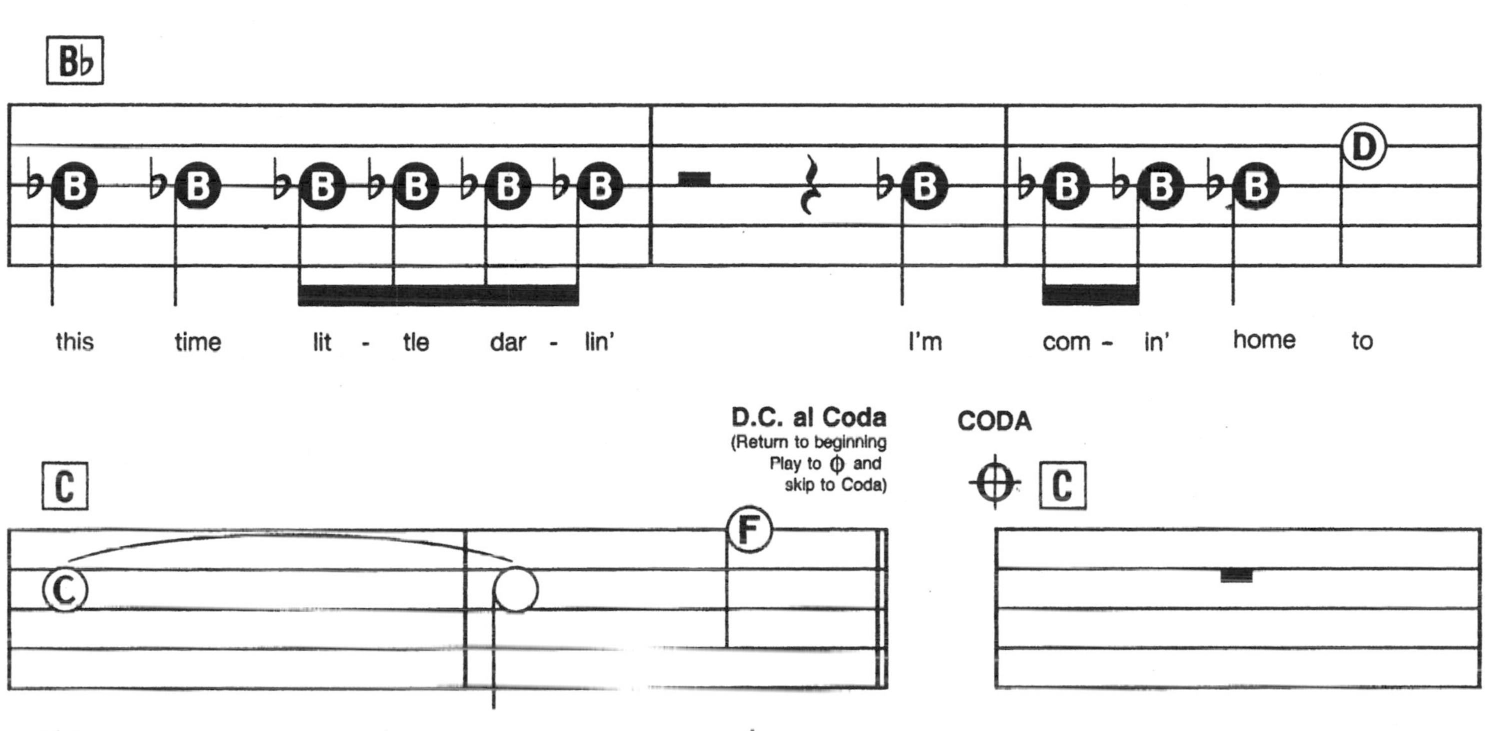
B♭
this time lit - tle dar - lin' I'm com - in' home to
D.C. al Coda
(Return to beginning
Play to ⊕ and
skip to Coda)
CODA
C
C
stay
ah

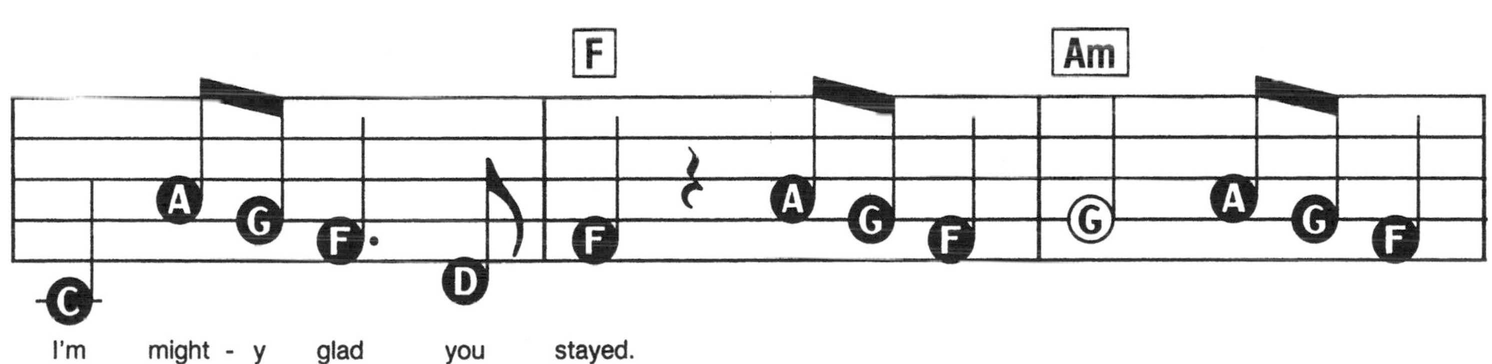
F
Am
I'm might - y glad you stayed.

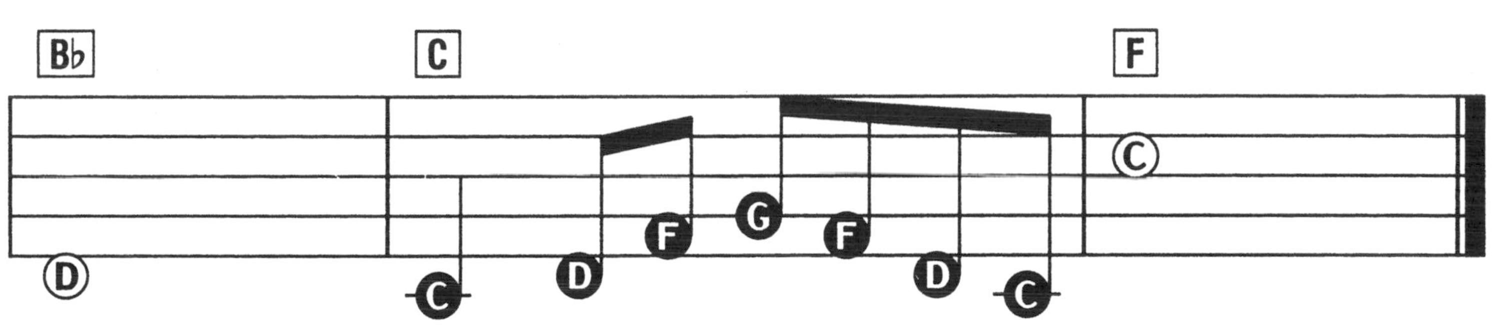
B♭
C
F

# Truly

Registration 1
Rhythm: Slow Rock or Ballad

Words and Music by
Lionel Richie

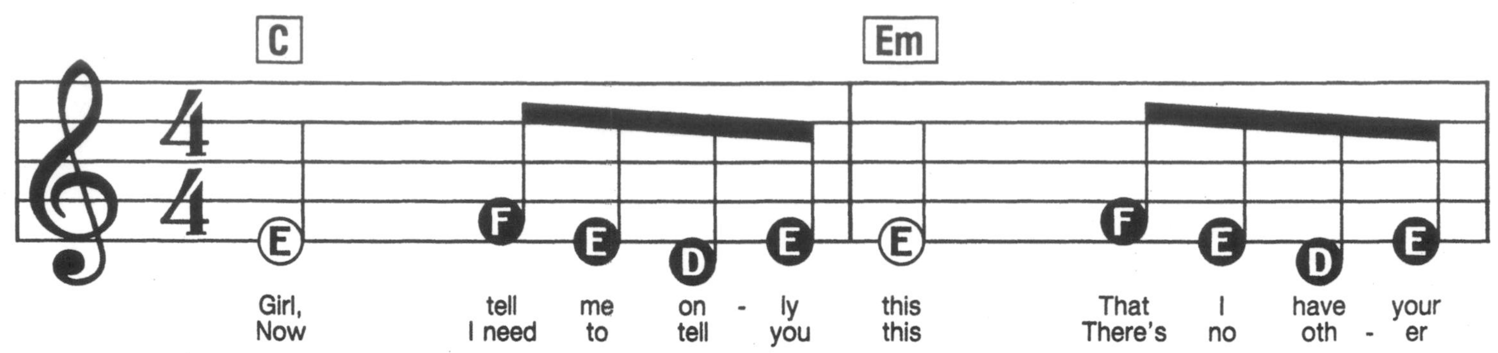


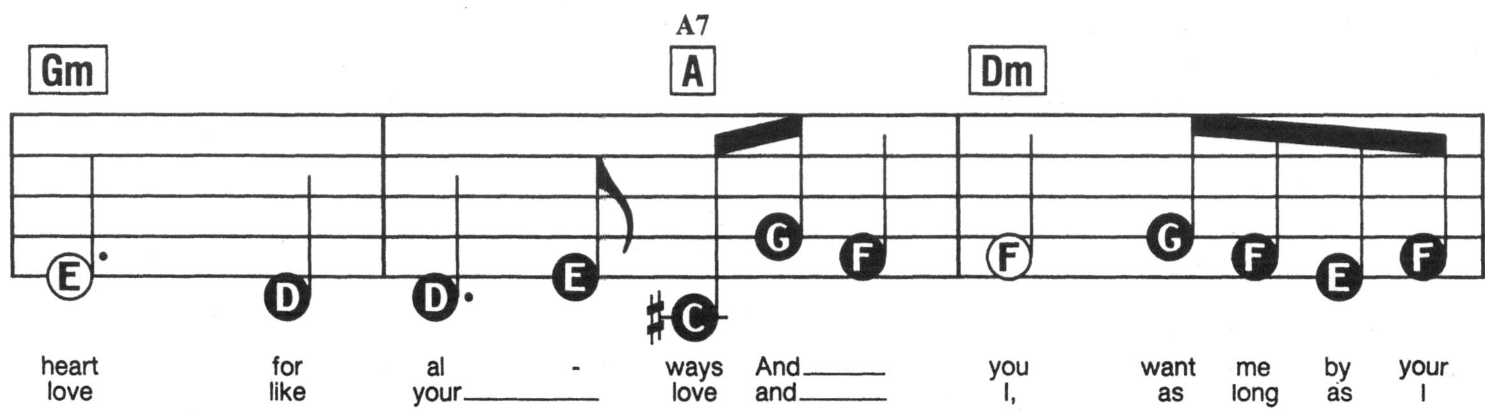

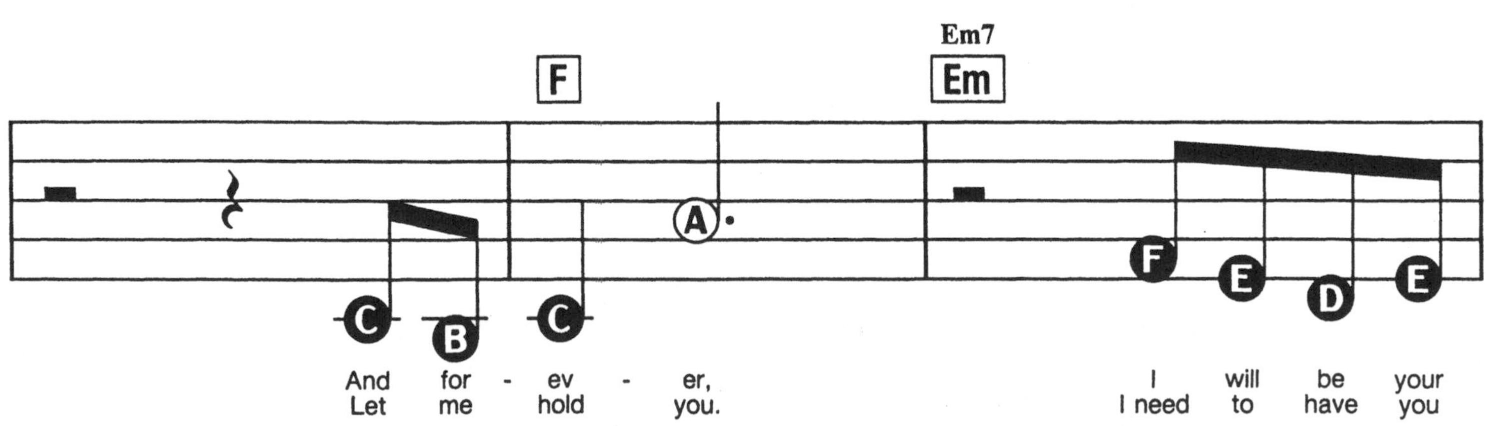

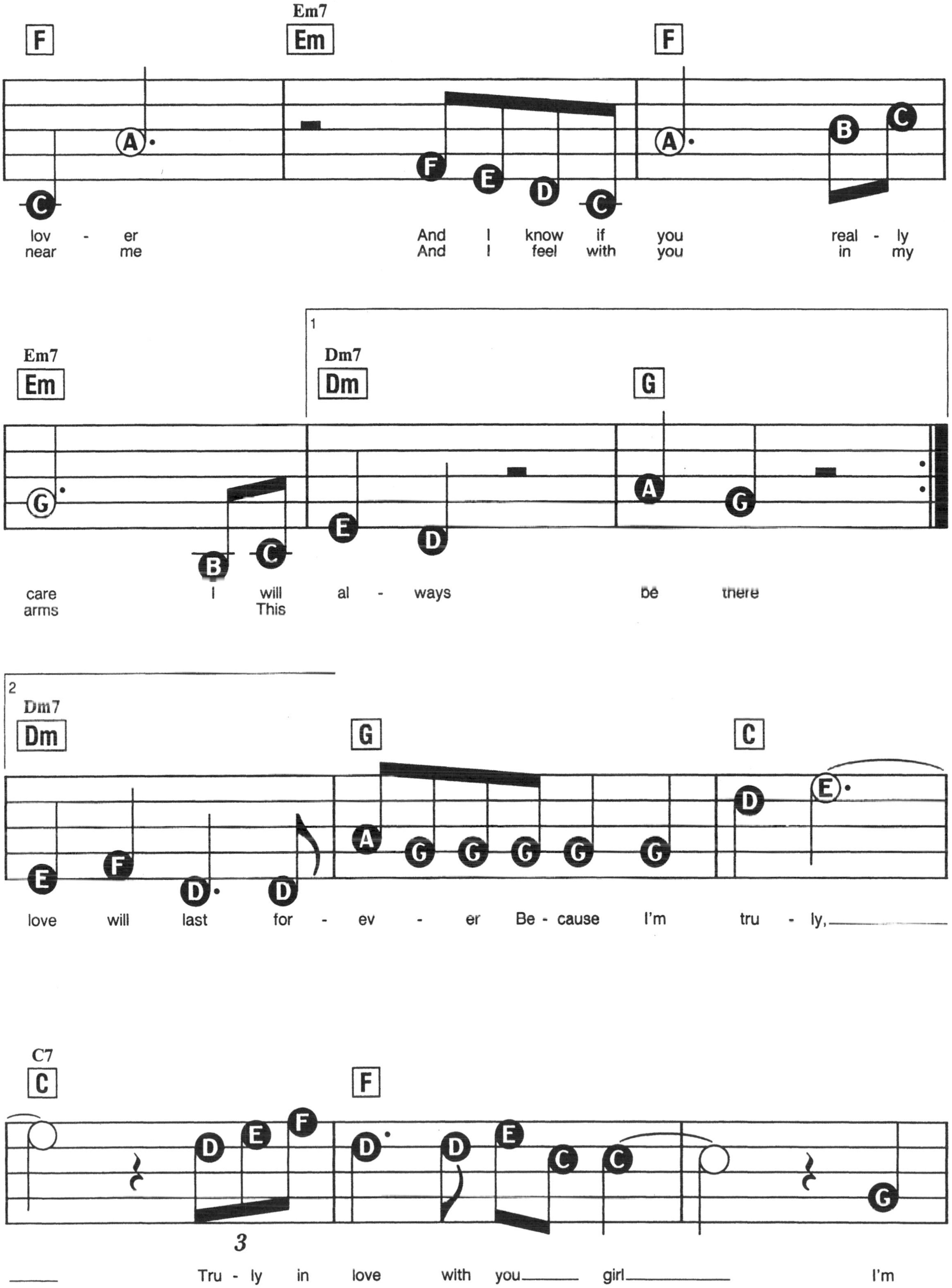

F | Em7 Em | F

C A | F E D C | A B C

lov - er | And I know if | you real - ly
near me | And I feel with | you in my

Em7 Em | 1 Dm7 Dm | G

G B C | E D | A G

care I will | al - ways | be there
arms This

2 Dm7 Dm | G | C

E F D D | A G G G G G | D E

love will last for - | ev - er Be - cause I'm | tru - ly,

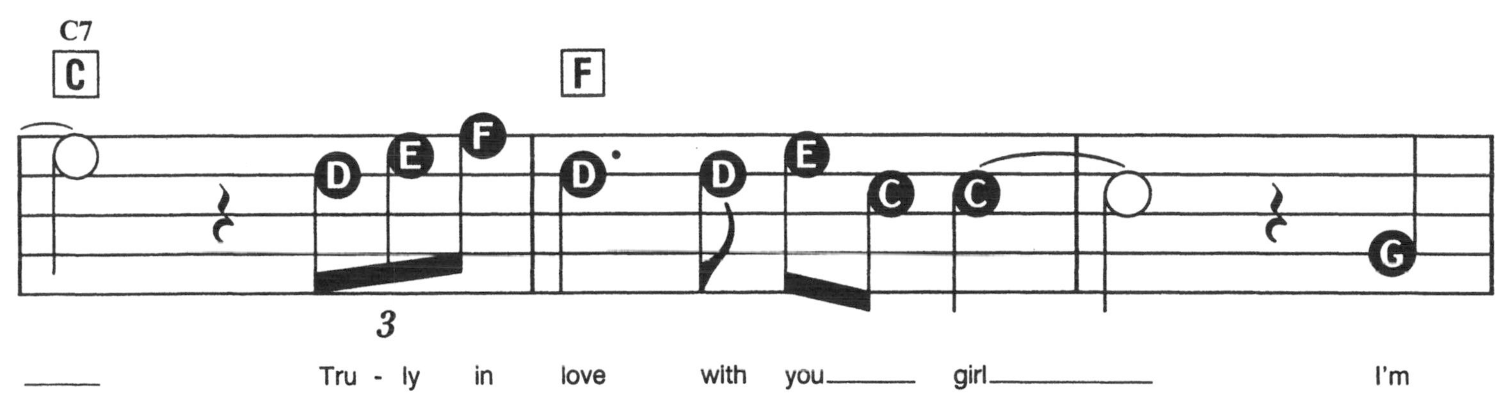

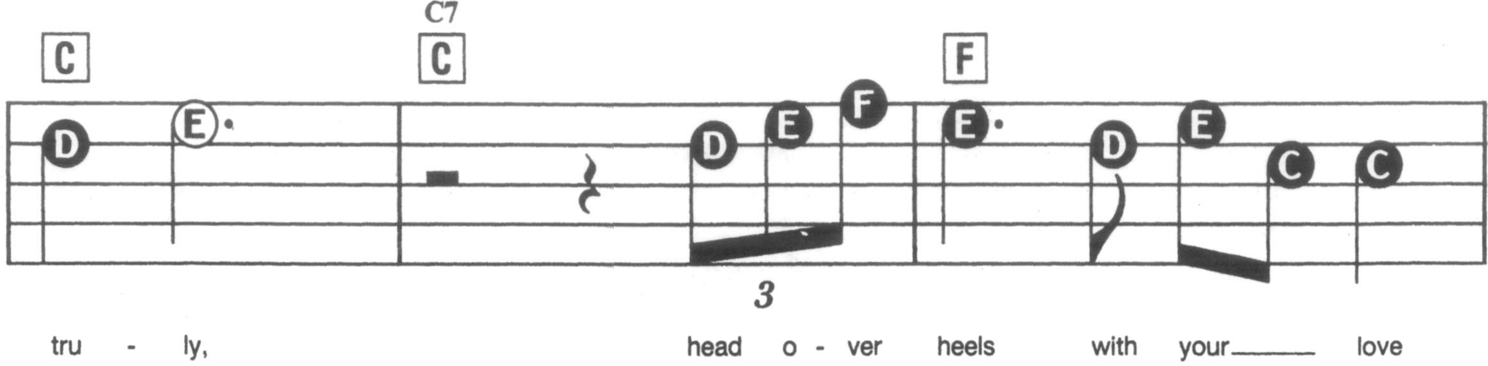
C
C7
C
F
D
E
D
E
F
E
D
E
C
C
3
tru - ly,
head o - ver heels with your love

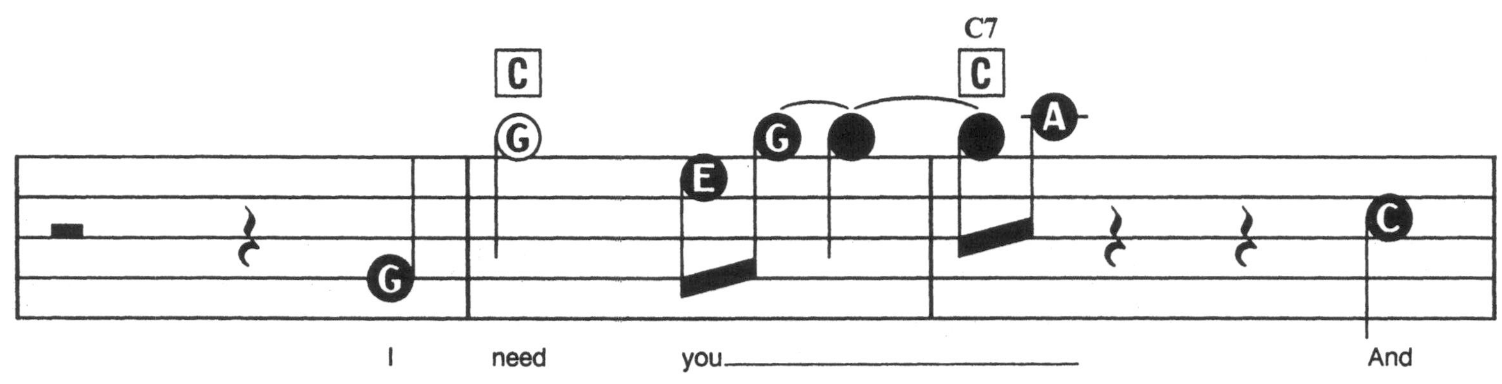
C
C7
C
G
G
E
G
A
C
I need you
And

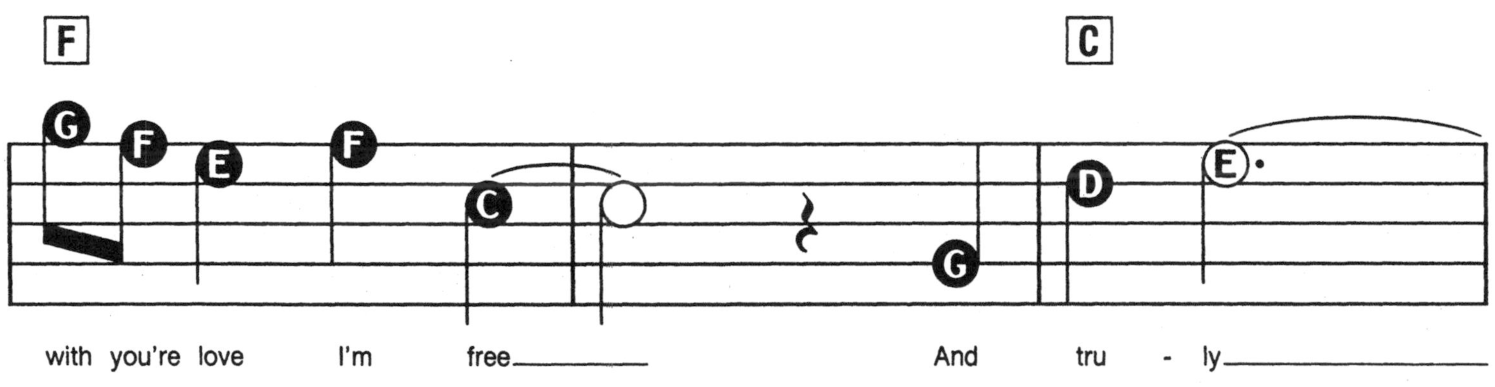
F
C
G
F
E
F
C
G
D
E
with you're love I'm free
And tru - ly

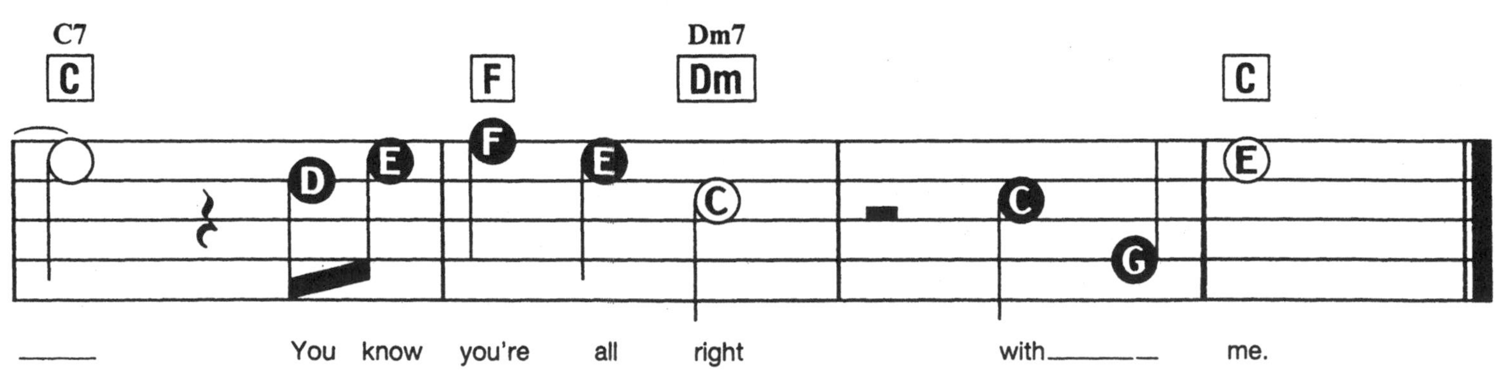
C7
C
F
Dm7
Dm
C
D
E
F
E
C
C
G
E
You know you're all right with me.

# You Are

Registration 10
Rhythm: Latin or Bossa Nova

Words and Music by Lionel Richie
and Brenda Harvey-Richie

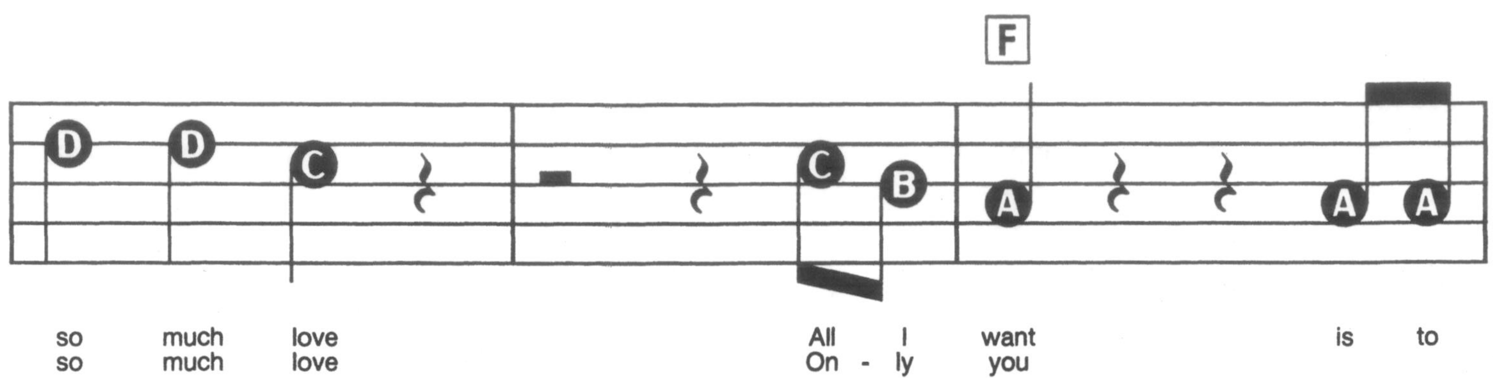
F
D D C C B A A A
so much love All I want is to
so much love On - ly you

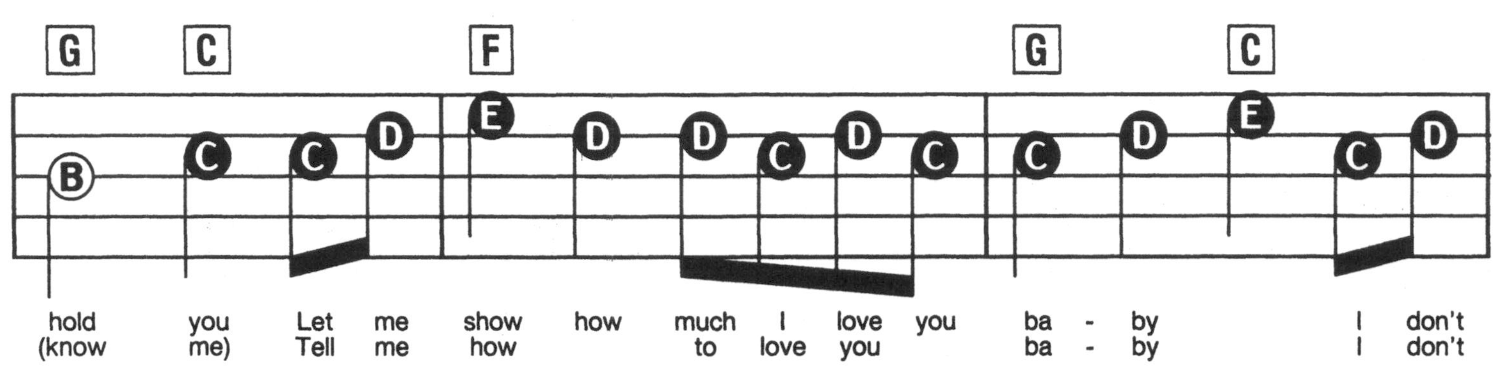
G C F G C
B C C D E D D C D C C D E C D
hold you Let me show how much I love you ba - by I don't
(know me) Tell me how to love you ba - by I don't

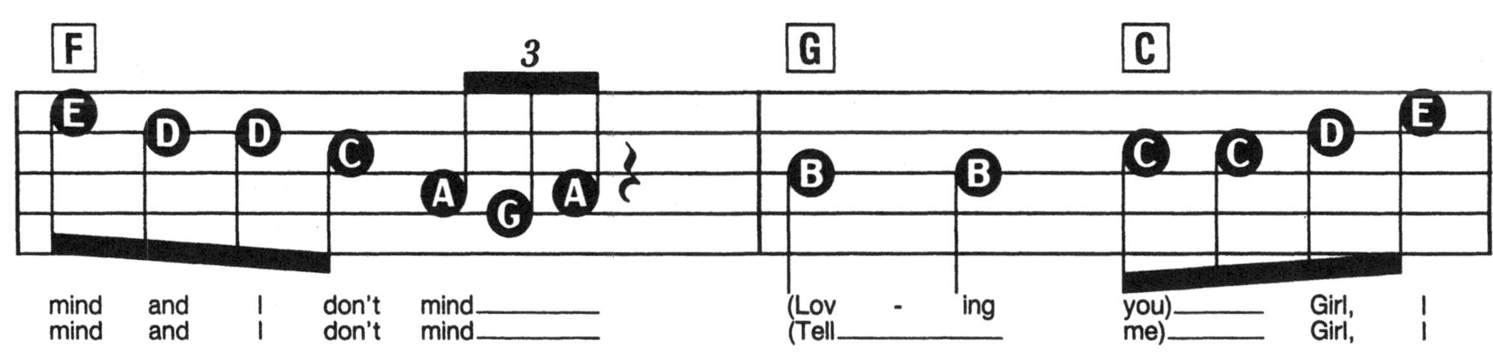
F G C
3
E D D C A G A B B C C D E
mind and I don't mind (Lov - ing you) Girl, I
mind and I don't mind (Tell me) Girl, I

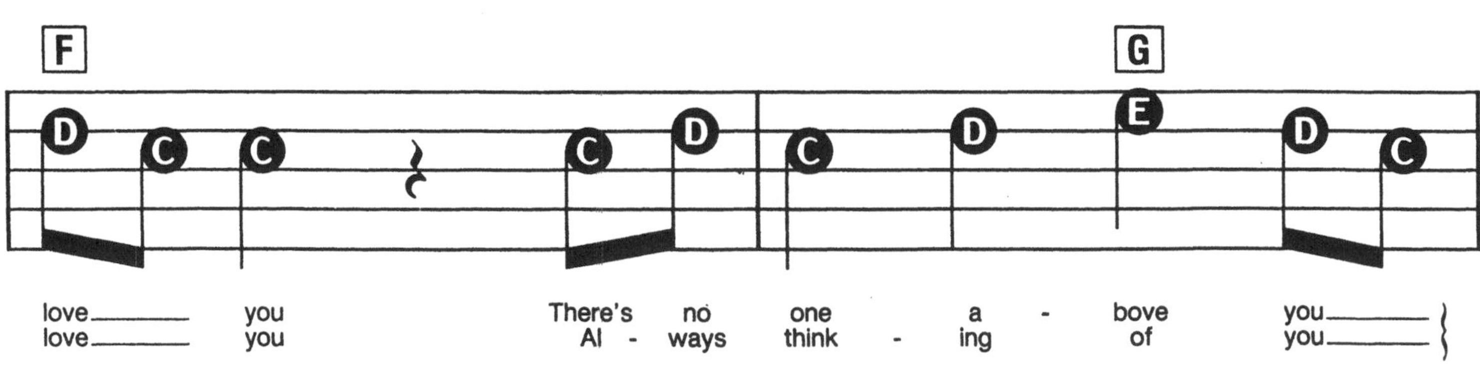
F G
D C C C D C D E D C
love you There's no one a - bove you
love you Al - ways think - ing of you

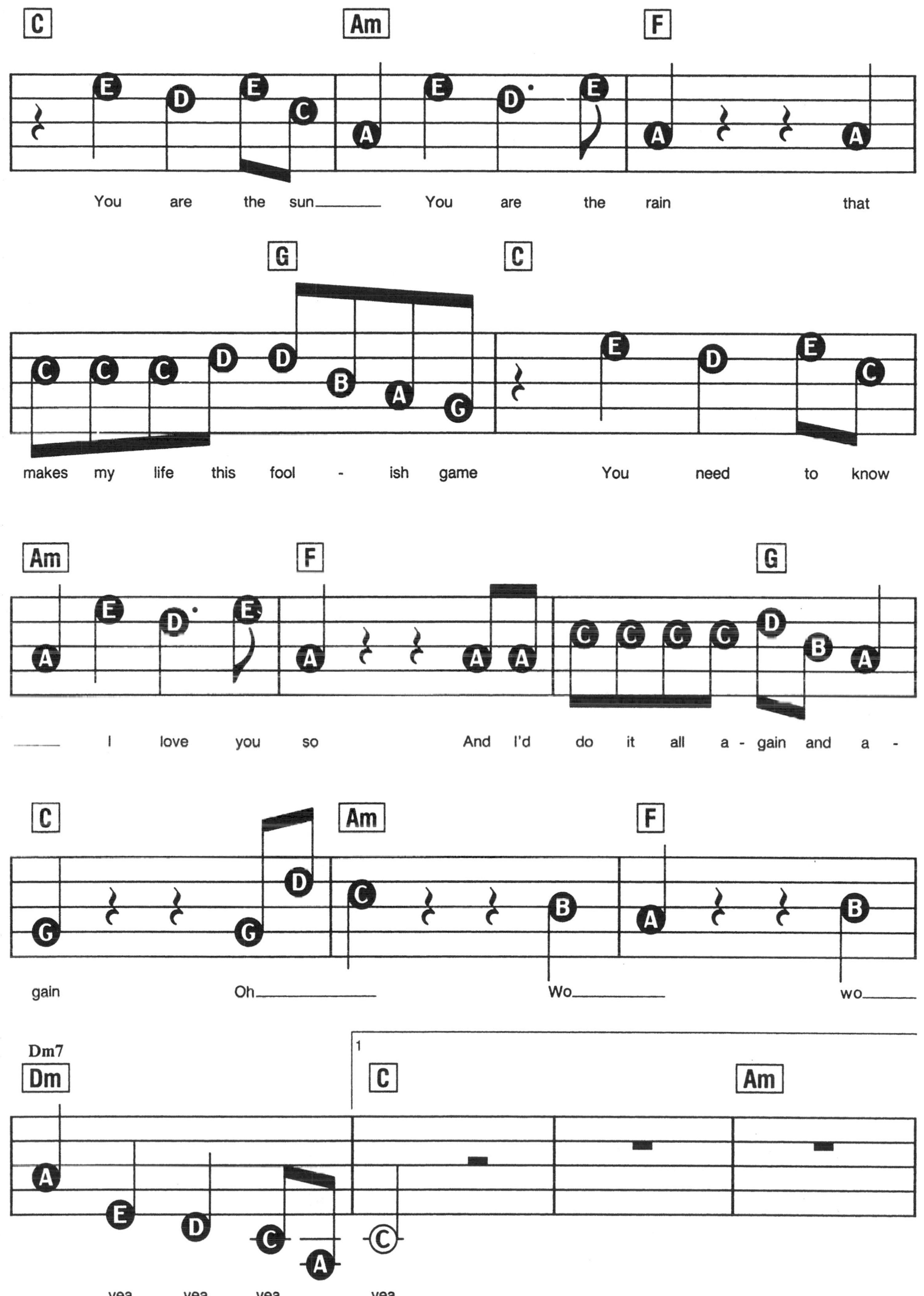
C Am F
You are the sun___ You are the rain that
G C
makes my life this fool - ish game You need to know
Am F G
___ I love you so And I'd do it all a - gain and a -
C Am F
gain Oh___ Wo___ wo___
Dm7
Dm
1
C Am
___ yea yea yea___ yea

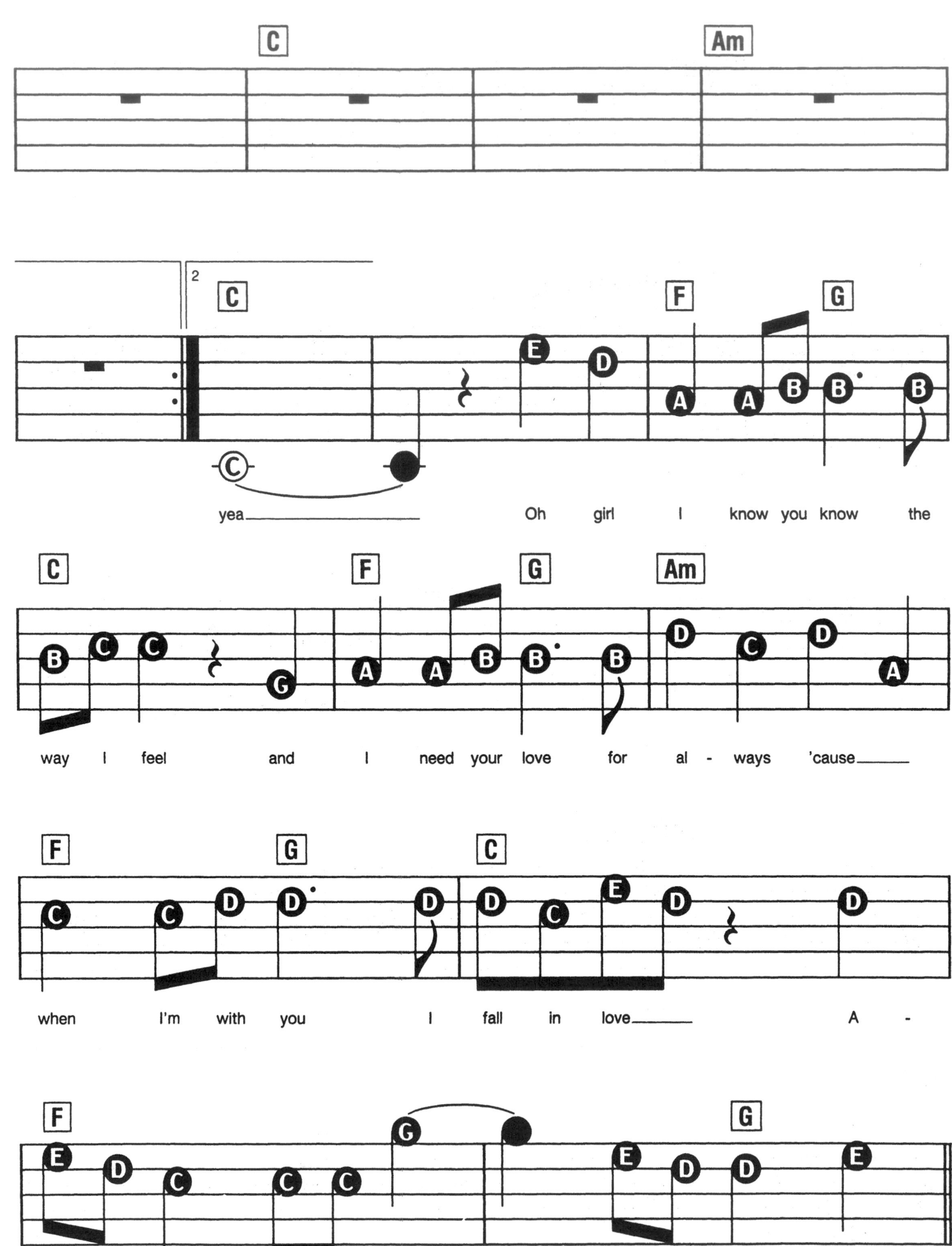
C
Am
2
C
F
G
yea
Oh girl I know you know the
C
F
G
Am
way I feel and I need your love for al - ways 'cause
F
G
C
when I'm with you I fall in love A -
F
G
gain and a - gain and a - gain ba - by.

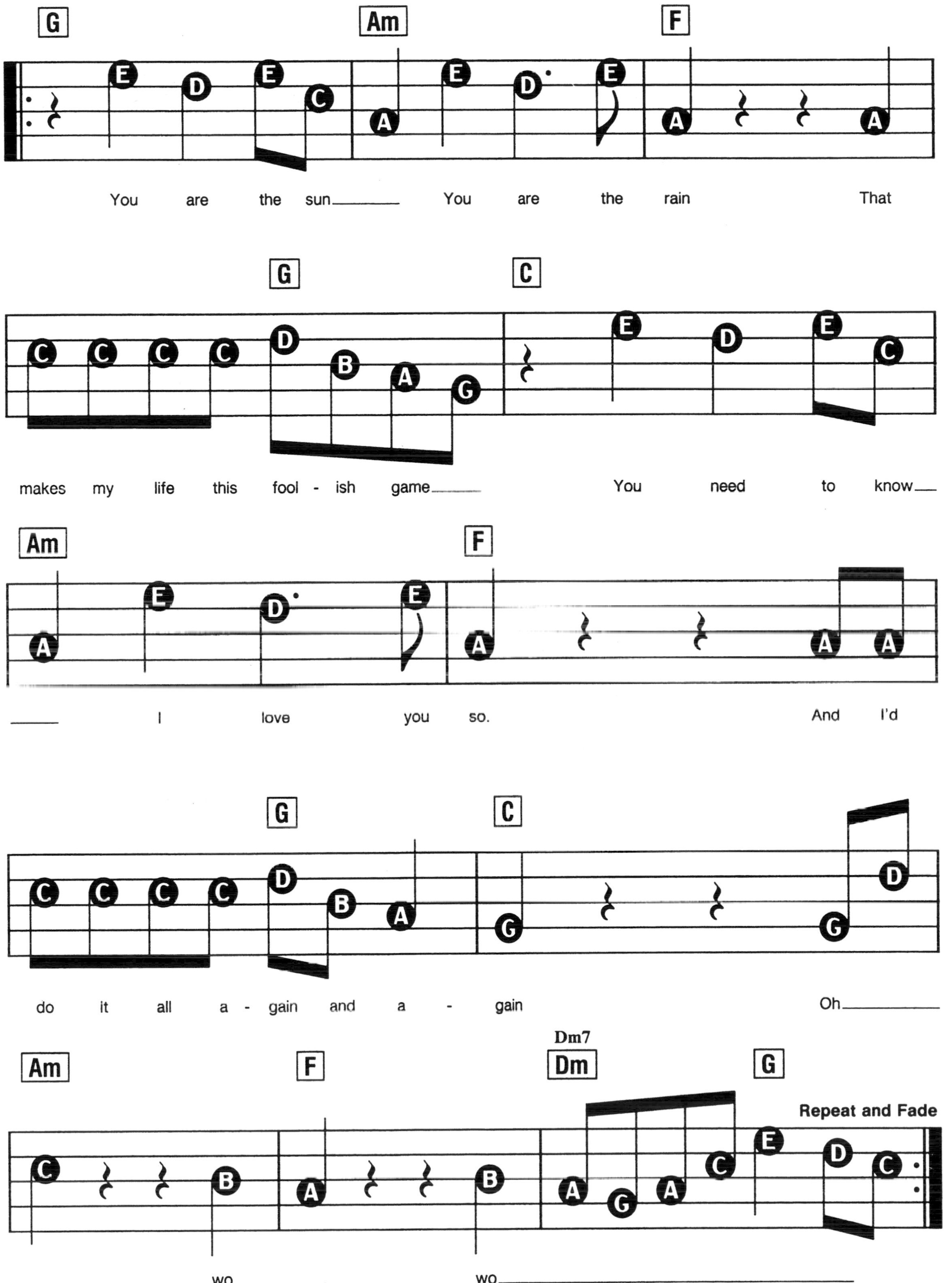
G
Am
F
You are the sun
You are the rain
That
G
C
makes my life this fool - ish game
You need to know
Am
F
I love you so.
And I'd
G
C
do it all a - gain and a - gain
Oh
Am
F
Dm7
Dm
G
Repeat and Fade
wo
wo

# Registration Guide

- Match the Registration number on the song to the corresponding numbered category below. Select and activate an instrumental sound available on your instrument.
- Choose an automatic rhythm appropriate to the mood and style of the song. (Consult your Owner's Guide for proper operation of automatic rhythm features.)
- Adjust the tempo and volume controls to comfortable settings.

**Registration**

| | | |
|---|---|---|
| 1 | Mellow | Flutes, Clarinet, Oboe, Flugel Horn, Trombone, French Horn, Organ Flutes |
| 2 | Ensemble | Brass Section, Sax Section, Wind Ensemble, Full Organ, Theater Organ |
| 3 | Strings | Violin, Viola, Cello, Fiddle, String Ensemble, Pizzicato, Organ Strings |
| 4 | Guitars | Acoustic/Electric Guitars, Banjo, Mandolin, Dulcimer, Ukulele, Hawaiian Guitar |
| 5 | Mallets | Vibraphone, Marimba, Xylophone, Steel Drums, Bells, Celesta, Chimes |
| 6 | Liturgical | Pipe Organ, Hand Bells, Vocal Ensemble, Choir, Organ Flutes |
| 7 | Bright | Saxophones, Trumpet, Mute Trumpet, Synth Leads, Jazz/Gospel Organs |
| 8 | Piano | Piano, Electric Piano, Honky Tonk Piano, Harpsichord, Clavi |
| 9 | Novelty | Melodic Percussion, Wah Trumpet, Synth, Whistle, Kazoo, Perc. Organ |
| 10 | Bellows | Accordion, French Accordion, Mussette, Harmonica, Pump Organ, Bagpipes |